KB176001

어른들도
진로가
고민입니다

어른들도 진로가 고민입니다

초판인쇄 2019년 4월 8일
초판발행 2019년 4월 8일

지은이 김이준
펴낸이 채종준
기 획 조가연
편 집 박지은
디자인 홍은표
마케팅 문선영

펴낸곳 한국학술정보(주)
주 소 경기도 파주시 회동길 230(문발동)
전 화 031-908-3181(대표)
팩 스 031-908-3189
홈페이지 http://ebook.kstudy.com
E-mail 출판사업부 publish@kstudy.com
등 록 제일산-115호(2000. 6. 19)

ISBN 978-89-268-8762-2 03180

아직도 우왕좌왕하는
어른들을 위한
진로상담서

어른들도
진로가
고민입니다

커리어 전문가 김이준

이담
Books

진로상담은 모든 발달단계에서 필요하며 어느 때 누구라도, 언제든지 받을 수 있다. 청소년이나 성인, 그리고 5060중장년이나 시니어 계층 등 일과 관련된 고민이 있다면 누구나 진로상담을 받을 수 있다. 그러나 아직도 많은 사람들은 어른들도 진로상담을 하느냐? 라며 의아해한다. 이는 진로상담이 청소년 시기에만 이루어진다는 오해 때문이며 진로에 대한 이해 부족도 하나의 이유가 될 수 있다.

진학의 문제, 전공 탐색이나 신규 입직의 문제, 이전직의 문제, 경력 단절과 재취업의 문제, 퇴직 이후 경력까지 진로상담에서 다루는 내용은 매우 광범위하다. 또한 청소년부터 성인, 노인까지 대상도 다양하며 우리가 일과 관련하여 맞닥뜨리는 모든 주제들을 포괄한다. 성인들은 대개 실질적인 경력 관련 정보를 얻고 싶어 하고 더 나은 직장으로 이직이나 전직을 위해 상담을 하기도 하지만 직장 적응 문제나 직무 스트레스, 업무에서의 소진이나 직무(전공) 불만족 같은 경력과 관련하여 도움이 필요한 영역이라면 얼마든지 진로상담에서 다룰 수 있는 영역들이다.

진로는 개인의 생애 동안 일과 관련하여 경험하게 되는 모든 생애사건들을 아우르고 과거적인 의미뿐 아니라 앞으로 인생에서 만들어가야 할 '행로'라는 미래지향적인 의미를 포함한 용어이다. 그렇기에 누구에게나 필요하고 어느 단계에서나 도움이 될 수 있다.

　과학기술의 발달, 다양하고 세분화된 직업 세계, 사회적 가치와 질서의 변화는 개인에게 진로란 단순히 직업의 선택이라는 좁은 범위에서 벗어나 전 생애 발달의 측면에서 지속적으로 관심을 기울여야 할 중요한 문제가 되었다. 그렇기에 어른들도 진로상담이 필요한 순간을 종종 직면하게 되고 그런 순간 진로상담사를 찾아올 수 있다.

　진로문제에 어려움을 겪는 성인들은 자신이 누구이며 무엇을 잘하는지, 자기가 원하는 것이 무엇인지 혼란스러울 때가 많다. 매일매일이 만족과 불만족을 넘나든다. 잘 다니던 직장인이었는데 갑작스럽게 매너리즘에 빠질 때, 괜찮다고 믿었던 일자리에서의 퇴직하게 되어 또 다른 진로탐색이 필요할 때, 열정과 에너지가 느껴지지 않는 일을 하고 있다는 반성이 들 때도 진로발달상의 위기이며 그런 시기마다 상담을 받을 수 있다. 돈을 벌긴 하지만 무의미하게 느껴지고, 내가 이러려고 지금까지 그렇게 노력했나 하는 자괴감마저 밀려들 때에도 진로상담이 필요한 순간이다.

　진로의 문제는 곧 삶의 문제이기에 매우 포괄적이고 또 중요하다. 물론 무엇인가 꼬인 것 같다는 진로의 어려움이 느껴질 때, 우리는 손쉽게 주변의 친구나 선배, 혹은 직장 상사 등에게 고민을 상의하기도 하고 그 과정에서 해결을 할 수도 있다. 그러나 여러 방향으로 도움을 구했음에도 여전히 답답하고 모호할 때는 전문가를 통한 진로상담이 필요한 때라고 할 수 있다. 특히 우리나라의 성인들은 학창시절에 주어졌어야 할 진로탐색의 시간을 충분히 거치지 못했고 체계적인 진로교육을 받은 적이 없으며 심지어 일부는 자신의 진로문제에 대해서 상담받는 일을 수치스럽게 여기기까지 한다. 이런 와중에 부모의 기대와 교육열, 격심한 입시 경쟁 등으로 많은 이들이 자신의 적성과 흥미를 생각할 기회도 없이 직업을 선택해버린다. 이러한 빈약한 진로교육의 현실은 성인기에 이르러 자신의 진로에 대해 고민하고 그에 따른 정보 탐색을 하는 데 있어서 장애물이 될 수 있다. 진로문제에 직면했을 때, 상담을 해야

겠다는 생각에 이르는 것 자체가 너무도 힘들기 때문이다.

　해결되어야 하는 것이 무엇인지조차 알 수 없다는 것은 막막함을 넘어 절망적이기까지 하다. 진로문제로 숨쉬기조차 힘들지만 남들도 다 비슷하게 사는데 나만 유난 떤다는 소리를 듣기가 싫어 '인생 뭐 있어'를 외치며 견뎌보려고 노력한다. 일에서 얻지 못하는 행복감을 찾아 밖으로 밖으로 끊임없이 눈을 돌린다. 하지만 자기사랑의 한 종류로, 아니면 흔하디흔한 자기계발의 한 종류로 진로상담이 가까이에 있다면 우리의 모습은 조금 달라질지도 모른다. 꼭 필요한 순간 도움을 받을 수 있는 진로상담사가 가까이에 있다면 현재는 힘들어도 새로운 계획에 희망을 느낄지도 모르고 지금에 안주하지 않고 더 높은 단계를 위해 힘들고 괴로운 일에 일부러 뛰어들게 될 수도 있다.

　진로상담이 모든 것을 해결해줄 수는 없더라도 상담은 결국 자기 자신을 알아가는 과정이며 그런 탐색을 통해 내가 누구인지 찾아가는 데 도움을 받을 수 있다. 아마도 진로상담이 어떤 것인지 잘 알지 못하기에 우리는 상담의 필요조차 외면하는 것인지도 모를 일이다. 무엇인가 열심히 하고 있지만 가슴 한편에서 충분하지 않다는 목소리가 들린다면 진로상담을 받는 것은 어떨까 하고 떠올려볼 수 있는 것이 자기를 사랑하는 길이다. 자신이 보내는 일상이 불만족의 수준을 넘어 스스로 원하는 삶이 어떤 모습인지조차 확신하기 어렵고 내가 무엇을 위해 사는지 모르겠다는 회의감이 든다면, 자신의 미래를 구성해갈 창조적인 동력을 상실한 것 같은 기분이 든다면, 자신을 위해 진로상담을 꼭 받아보기 바란다.

최근 독자 대상 강연회에서 한 질문을 받았다.

평소 진로상담을 하고 싶어도 지금까지 살면서 한 번도 진로상담사를 본 적이 없었는데, 강연회를 빌어 나의 존재를 알게 된 것만으로도 기쁘다는 고백이었다. 그리고 자신의 자녀 이야기를 꺼내기 시작했다. 많은 사람이 모인 강연장이었기 때문에 개인적인 이야기를 깊게 들을 수 없었고, 그런 상태로 이야기를 하는 것은 오히려 도움이 되지 못할 것 같아 간단한 조언을 대신하는 것으로 서둘러 마무리했다. 대중이 모인 곳에서는 어쩔 수 없이 호소 문제의 내용에 따라 무료 내지 유료 서비스를 받을 수 있는 기관을 알려주거나 상담 절차를 알려주기도 하지만 한편으로는 아직도 진로상담이 가야 할 길이 너무 멀구나 싶어 안타깝다. 또 내가 하는 일에 대해 굉장히 큰 책임감을 느끼게 된다.

여전히 일반인에게 진로상담 서비스는 너무 멀고 추상적이라는 느낌에서 벗어나기 힘들다. 그래서 쉽게, 편안하게 읽고 공감할 수 있는 진로 이야기를 하고 싶었다. 누군가를 찾아가 조언을 듣고 싶고 진로문제로 이야기를 나누고 싶어도 주변에 마땅히 의논할 사람이 없을 때 이 책이 도움이 되면 좋겠다. 이 책을 집필한 이유를 더 정확히 표현하면 진로상담사가 이 세상에 존재한다는 사실을 알리는 것과 함께 진로상담에 대한 문턱을 낮추고, 진로고민에 휩싸인 사람들에게 최소한의 정보를 주고 싶다는 책임감이라는 편이 더 솔직한 심정인 듯하다.

진로문제는 삶 속에서 겪는 여러 가지 일들과 연관되고 삶의 발달단계마다 맡게 되는 역할과 관련된다. 즉 자기를 보는 작업이 진로상담이다. 진로는 곧 삶이기에 누구에게나 어려움이 닥칠 수 있고, 또 그 문제를 해결하기 위한 자신의 자원을 탐색할 필요가 있다. 길 위에서 자신의 과거와 현재, 그리고 미래를 만나는 과정이 진로상담이다. 그런 측면에서 이 책을 읽는 독자들도 자신의 진로에 대해 돌아보고 앞으로의 미래를 설계해나가는 데 필요한 도움을 얻기 바란다.

　인생에 정답을 찾으려는 마음을 내려놓고 인생을 즐거운 여행이라 여기며 첫발을 내딛을 수 있는 것이 진로라 생각한다. 그 여행에 기꺼이 동반자가 되어주기 위해 이 책을 썼다. 함께라면 힘들어도 나아갈 수 있다고 믿기 때문이다. 흔들리고 흔들릴 때 자기사랑의 방법으로 이 책이 당신에게 희망의 싹이 되길 소망한다.

2019년 4월
청파동 언덕을 바라보며
김이준

목차

3 이제는 진로를 선택할 때

4 진로는 언제든 바뀔 수 있다

5 나를 보듬을 사람은
다름 아닌 나

진로상담이란
무엇인가

～～～～～

진로는 우리 앞에 당면한 현실이지만 한편으로는 너무 막연한, 가깝고도 먼 말이다. 그동안 진로상담은 학생들의 전유물 같은 것으로 치중되어왔지만 사회변화가 가속화되면서 자신이 나아가야 할 방향을 찾지 못하는 어른들에게 진로에 대한 심층적인 고민과 재탐색이 필요해졌다. 반면 학생들은 치열한 교육환경에 떠밀려 어영부영 흘러가다 길을 잃지 않도록 더욱 명확하고 체계적인 진로탐색이 필요해졌다. 진로탐색이 왜 필요한지, 진로상담에서는 무엇을 다루는지 알아보며 진로를 찾기 위한 첫발을 떼어보자.

진로상담, 학생들이나 하는 거 아닌가?

오늘날 개인의 진로발달 과정을 보면 직업을 선택하는 시기도 다르고, 직업에 입직하는 시기도 다르며, 직업에서 안정적 발전을 이루거나 퇴직을 하는 시기도 상이하다. 특히 경제가 어려워지고 경기 변동의 주기가 빨라지면서 퇴직자나 희망퇴직자가 늘어나는 데 비해 자신의 커리어 방향성에 확고한 자신이나 전망이 없이 많은 이들이 크게 불안해하고 있다.

'이대로 나는 괜찮은가?'

'커리어를 유지하기 위해서는 어떻게 해야 하는가?'

'요즘 시대에 살아남기 위해서는 무엇을 익혀야 하는가?'

이러한 문제는 일하는 사람들의 공통된 과제이기 때문이다. 그리고 무엇에 가치를 두는지, 하고 싶은 일이 무엇인지, 삶의 의미를 어디에서 구할 수 있는지는 진로상담에서도 매우 중요하게 다루는 주제이기도 하다.

불과 10년 전만 해도 '진로상담'이라 하면 대개 대학 진학을 앞둔 청소년이 담임 선생님과 면담을 통해 대학 입시와 관련된 진학상담을 지칭하는 단어였던 적이 있었다. 과거에는 그렇게 특정한 시기에 잠깐의 상담을 통해 전공을 선택하고 졸업해도 특별히 삶에서 진로 때문에 괴로운 일은 없었다. 더러더러 조직 내 대인관계나 업무 적응 문제로 어려움을 표하는 호소가 있긴 하지만 일단 회사의 문턱을 넘어서고 나면 비용을 내면서까지 진로상담 전문가를 찾아와 자신의 진로문제를 상담한다는 것이 매우 이례적인 일이기도 했다.

그러나 최근에는 진로가 모두의 문제이자 생존의 문제, 자기정체성의 문제, 자기실현의 문제가 된 듯하다. 청소년뿐 아니라 대학생은 물론이고 직장인과 중장년, 그리고 시니어 세대 모두에게 중요한 이슈가 된 것이다. 높은 청년실업률과 짧아진 조직생활의 반감기, 그에 비해 상대적으로 길어진 수명과 불안정한 일자리 환경, 그리고 급격한 과학기술의 발달은 일자리 자체에 대한 고민을 우리 모두에게 던져주게 되었다. 특히 베이비부머 세대들이 일제히 퇴직하는 시기가 되면서 노인이라고 지칭하기에는 아직 젊은 60대, 청년 같은 50대, 20대의 감수성으로 살아가는 40대들의 진로고민이 깊어졌다.

물론 한창때 청년들의 고민도 간과할 수 없다. 대학에서 신입생 진로세미나를 진행할 때면 학생들에게 어떤 직업적 포부를 가지고 있는지 생각을 적어 내게 하곤 하는데, 많은 학생들이 '?'를 적었을 뿐이고 심지어 어떤 내용도 적지 않은 경우가 꽤 있었다. 외국계 자원회사에서 일하고 싶다거나 친환경 건축을 설계하고 싶다, 미래 자동차 업계를 이끄는 자동차 디자이너가 되겠다는 글도 있었지만 '모르겠다'라고 적는 수고조차 번거롭다는 듯한 물음표 의사 표현을 볼 때면 여러 생각이 교차한다.

　과거에는 인정받았던 가치, 지식, 스킬도 지금 사회에선 순식간에 진부해지고 통용되지 않는 시대이기에 이 불안감은 더 크게 와 닿는다. 이대로 나는 괜찮은가. 현재의 직업을 유지해도 괜찮은가, 유지할 수는 있는가? 새로운 스킬을 익혀야 하는가. 수많은 고민이 머릿속을 메우겠지만 그보다 더 본질적인 것은 '도대체 나는 무엇을 하고 싶은가', '무엇에 가치를 두고 있는가'와 같은 진로탐색의 출발점과도 같은 질문이다. 올바른 자기이해 없이는 앞으로의 진로를 디자인할 수 없고 자기다운 목표도 설정할 수 없다. 무엇인가 불만족스럽고 행복하지 않다면 자신을 알아가기 위한 탐색을 시작할 때란 것이 분명하다.

무엇을 해야 할지
모른 채
어른이 되었다

　　"나도 내가 원하는 것을 알고 싶은데 그걸 모르겠어서 너무 답답해요. 남들은 자신의 목표를 향해 열심히 살아가는 것 같은데, 나만 아무 목표 없는 게 한심하고, 하지만 뭘 해야 할지 모르겠어요."

　　상담을 할 때면 가장 많이 듣는 이야기다. 신입사원을 갓 지난 20대 사회인, 경력의 고원에 이른 중년기의 남녀 등 겉으로 보기엔 진로고민이 있을까 하는 사람들의 절규에 가까운 고백은 나에게 깊은 통증을 유발한다. 그래도 진학을 앞두고 진로고민을 하는 학생이라면 그나마 나은 편에 속한다. 그들은 아직 스타트라인 언저리에 서 있기에 자신의 걸음을 돌아보고 앞으로 가야 할 길을 가늠해볼 수 있다. 하지만 한창 달리는 와중임에도 시작점도 도착점도 모호하기만 하고, 특정 분야에서 일정 경험을 축적한 어른들은 자신이 왜 달리고 있는지, 이 삶에서 원하는 것이 무엇이었는지를 대면하는 순간 절망감에 빠지곤 한다.

그들은 고개를 저으며 잘 모르겠다는 대답을 할 뿐이다. 그저 먹고 살기에 바빠 내가 원하는 것이 무엇인지 생각할 겨를이 없었다 말하는 분들이 꽤 많다. 이들 대부분이 애초에 자신이 원하는 것을 생각해본 적이 별로 없고 주어진 환경에서 해야만 하는 것에 더 많은 시간을 사용했노라는 고백을 하기도 한다. 먹고사는 게 바빴던 시절, 자신이 원하는 것을 찾고 그 길로 가는 것은 무척 힘든 일이었다는 것. 어쩌면 묵묵히, 성실하게 자신의 위치에서 현실을 감내한 그분들의 역사가 놀랍고 존경스럽지만 깊은 한숨과 후회의 눈빛, 지금이라도 다시 시작할 수만 있다면 좋겠다는 회한의 고백을 들으면 연민이 이는 것도 어쩔 수 없다.

30년간 기술자로 일했던 만기 씨. 직장에 있을 때는 주어진 업무에 치이느라 전쟁 같은 하루하루였고, 다른 것을 생각할 여유 따위 없었다. 매일같이 이어지는 야근, 동료들 간 은근한 경쟁과 상사의 압박, 팍팍한 직장생활 속에서 인간관계 또한 잘 유지해야 한다는 스트레스까지. 그야말로 살아남기 위해 치열하게 노력해왔지만, 이제는 직장에서 더 이상 그를 원하지 않는다. 퇴직이라는 현실은 생각해본 적이 있다 해도 생각과는 매우 다르게 흘러간다. 처음엔 지금까지 해온 경력과 인맥을 생각하면 어느 정도 자신감이 생기기도 했다. 퇴직 즈음이 되면 나도 뭔가 안정적인 상황이 되어 있겠지 하는 낙관적인 전망. 퇴직 준비는 저축이나 연금 같은 금융에 대한 대비로만 치우치고, 시간이 흘러 정작 일 자체에 대한 준비는 부족한 상황에서 퇴직을 맞이한 것이다.

한참 일할 수 있는 나이지만 퇴직이 현실이 되어버렸다. 어떻게든 경력을 살려 재취업을 해보려고 하지만 녹록지 않은 현실. 경력도 나이도 많은 직원을 높은 비용을 지불하면서 채용할 직장은 얼마 없다.

이전 경력을 살려야 하나? 아니면 지금이라도 새로운 길을 모색해야 하나? 만약 새로운 것을 한다면 뭘 해야 하지? 창업? 창직? 재취업? 새로운 일을 시작한다면 어디서부터 시작해야 할까? 인맥도 없이 혼자 일하는 게 가능할까? 내 나이 50인데 앞으로 20년은 더 일하려면 식당이라도 열어야 하는 거 아닐까? 아니야, 어릴 때 손재주가 좀 있었던 것 같은데 지금이라도 공예를 배워 공방을 여는 건 어떨까?

아, 나는 이 나이까지 뭘 한 거지?

주로 상담실에서 만나는 4050세대의 고민이다. 그리고 그들에겐 진로상담이 절실하다. 물론 이전 경력을 살려 재취업으로 바로 연결되는 운이 좋은 경우도 있고 약간의 직업 훈련만으로 재취업에 성공하는 경우도 있다. 하지만 한 직장에서 30년 가량 근무한 전문가라 해도 버틴다 해서 퇴직이 오지 않는 것도 아닌데, 자신의 분야를 벗어나 조금만 달라져도 적응하는 것도 힘들고 어떻게 적응해야 하는지 잘 알지 못한다. 대부분의 사람들이 내가 무엇을 좋아하는지, 어떤 삶을 살고 싶어 하는지, 앞으로의 삶에서 무엇을 남기고 무엇을 채워야 할지 도통 정리되지 않아 혼란스러워한다. 자신을 발견하는 일부터 새롭게 하자니 미칠 노릇인 것이다. 하지만 이분들을 탓하거나 왜 진작 미래를 대비하지 않았느냐 질책할 수 없다. 우리는 그저 제대로 된 진로교육을 받은 적이 한 번도 없고 경력설계에 대한 개념도 배우지 못했으며 자신의 커리어와 삶의 관계에 대해서도 학습하지 못했을 뿐이다. 중장년을 대상으로 강의를 하거나 상담을 하게 될 때 늘 그 부분이 안타깝기 때문에 일과 삶의 관계에 대한 충분한 이해와 자신에 대한 명확성을 높이는 자기개념 부분이 진로상담에서의 출발점이 된다. 그리고 여기에 더해 일종의 세계관이라고 할 수 있는 생애주제가 자기개념과 함께 자신의 정체성을 드러내고 삶의 가치를 포괄하는 매우 중요한 요소가 된다.

생애주제의 개념은 한마디로 설명하기 어렵지만 가장 쉽게 풀어보자면 한 개인이 자신과 타인, 세계관에 관한 생각, 가치, 태도, 신념을 표현하는 것이다. 나는 무엇이다. 타인은 무엇이다. 삶이란 무엇이다. 이를 정의 내리는 인식과 생각이 어디에서 기인하는지, 생애주제는 개인의 사고 과정을 이해할 수 있는 방법을 제공하기 때문에 매우 중요하다 (Savickas, 2013). 이는 곧 개인의 자아와 정체성을 형성하는 토대가 되기도 한다.

인생의 의미와 삶의 목적, 그리고 나이 듦에 대해 생각해보는 시기가 소위 발달심리학에서 말하는 중년기와 장년기이다. 따라서 이 시기의 진로상담은 대단히 통합적인 접근으로 이루어져야 하며 진로상담사는 내담자의 생애주제가 무엇인가에 함께 귀를 기울여야 한다. 명료하지 않은 것들을 명료하게 도와주는 것이 첫걸음이라고 할 수 있다. 내담자의 불안감에 휘둘리면 당장 일자리를 매칭해주는 것이 더 나은 대안이라는 생각이 많이 들 수 있고 진로상담 자체보다는 일자리 소개를 빨리 해드려야겠다는 압박감을 굉장히 많이 느끼게 된다. 그러나 진로상담에서는 심리적인 압박감을 다루며 조금은 천천히 자신에 대한 탐색을 격려하는 과정을 중요하게 생각한다.

대표적인 진로이론가인 Super의 진로이론이 다른 직업이론과 차이가 나는 점은 진로를 삶의 역할과 인생의 발달주기를 아우르며 전체적으로 설명하기 위해 시간적 흐름과 삶의 역할들이 이루어지는 공간을 생애진로무지개로 구성하여 표현하였다는 점이다. 개인은 전 생애에서 주로 9가지 정도의 역할을 수행하며 연대기적 순서에 따라 자녀, 학생, 여가인, 시민, 근로자, 배우자, 주부, 부모, 은퇴자 등의 변화를 거쳐 간다. 이러한 역할은 가정, 학교, 직장, 지역사회라는 4가지 공간에서 이루어지며 다양한 시점에서 특정한 생애역할의 중요성이 두드러지기 때문에 삶의 역할들 간의 조화가 중요해진다. 이 이론은 대단히 큰 시간을 아우르는 개념이며 생애주제 역시 그러하다. 그러니 충분한 시간을 갖고 임하는 것이 서로에게 편안함을 제공할 수 있다.

어른이 되었는데 아직도 내가 뭘 잘하는지 모르겠다. 뭘 잘하는지 알기는커녕 뭘 좋아하는지도 모르겠다. 뭘 좋아하느냐는 질문을 받으면 대답할 수가 없다. 누군가에게 털어놓고 조언을 듣고 싶은데, 나만 이런 것 같아 입을 닫게 된다. 그냥 답답하다. 답이 없는 것 같아서, 미치도록 답답하다. 최근 들어 많은 직장인들을 만나 진로상담을 하면서 진로상담이란 평생 동안 필요가 있을 때마다 여러 번 받아보는 것이 좋은 상담이라는 확신을 갖게 되었다. 혹시 이 글을 읽는 당신도 '내 얘기 같은데?' 하는 생각이 든다면 결코 이상한 일이 아니며, 당신도 진로상담이 필요한 시점이라고 해두고 싶다.

내 인생의
불가분,
커리어

한번은 어떤 선생님께서 내게 '커리어'를 뭐라고 생각하느냐고 물으셨던 적이 있다. 그때 나는 '커리어는 라이프(life)'라고 대답했는데, 그 생각은 현재도 유효하다. 진로라고 하면 청소년기에 한번쯤, 그것도 대학 진학을 앞두고 해봄직한 그런 고민거리, 혹은 직장을 옮기는 과정에서 더 나은 직장이 있는지 탐색하기 위해 참고할 수 있는 선택지 정도라고 오해하는 경향이 있다. 하지만 진로란 모든 연령의 사람들이 자신의 커리어에 대해 발달단계마다 고민하는 모든 것을 아우른다. 커리어는 나의 진로이자 진로는 나의 인생이다.

내가 진로를 커리어라고 말하는 데는 몇 가지 이유가 있지만 그중에서 개인의 '일'이라는 것이 자신의 '인생'과 불가분의 관계에 있다는 점을 특히 강조하고 싶다. 오늘날과 같이 복잡한 사회에서 개인이 자신의 진로를 알고 어떻게 진행할지 잘 이해하고 설명하기 위해서는 개인들이 가진 진로목표 혹은 직면하고 있는 진로문제들을 중요하게 고려해야 한다. 특히 생애진로발달이 무엇이고 왜 필요한지에 대해서도 알아야 자신의 커리어를 확립할 수 있다. 여기서 진로이론을 살펴보기 전에 커리어를 둘러싼 패러다임이 어떻게 변화해왔는지를 이해하는 것이 도움이 될 것이다.

커리어에 대한 20세기까지의 관점은 몇 가지 가정을 토대로 한다.

첫째, 개인이 원하기만 한다면 선택할 수 있는 직업의 종류가 다양하고

둘째, 안정된 직업환경이 보장되며

셋째, 한 직장에서 은퇴를 맞이한다.

위의 전제 아래서 20세기 이전, 산업사회가 도래하기 전까지 진로상담이라는 분야는 태어나지 못했고 태어날 필요도 없었다. 19세기까지 직업은 부모가 하는 일에 의해 좌우되었고(부모의 직업을 계승) 대개는 신분으로 인해 할 수 있는 일과 할 수 없는 일이 규정되어 있었기 때문이다.

산업사회로 접어들면서 많은 사람들은 생활편의와 구직 등 여러 이유로 도시를 찾아 이동하게 되었다. 인력이 많은 곳에 공장이 생기고 대량생산 체제가 갖추어지면서 직업의 종류가 다양해졌고, 분업을 통해 자신이 수행해야 하는 고유한 업무가 생겨났다. 도시화가 진행되면 될수록 공장은 계속 지어졌고 수많은 사람들이 대도시로 몰려들었다. 이전에는 양조장, 방앗간, 구두수선 등을 하던 가내수공업자들이 임금근로자로 변화하였다. 개인이 어떤 일을 잘할 수 있는지, 어떤 일에 흥미가 있는지를 알기만 한다면 손쉽게 그에 적합한 일자리를 찾을 수 있는

시대였다. 이러한 시대적 배경과 심리검사의 폭발적인 발달에 힘입어 진로상담은 개인의 특성을 평가하여 일자리에 매칭해주는 방식으로 성장하였다. 이후 1960년대에 등장한 진로발달 이론은 개인의 강점을 평가하고 직업 선택 및 직업 문제 시 적응을 도울 수 있는 이론적 모델로 제시되었다. 개인의 생애역할의 변화와 개인 내·외부 맥락을 고려할 때 개인의 발달단계별로 요구되는 과제들에 미리 개입한다면 직업 세계에 효과적으로 진입할 수 있을 것이라는 가정에 근거한 것이다. 진로발달 이론은 진로가 정적인 의미보다는 매우 점진적으로 변화하는 것이며 다가올 발달의 과제를 잘 수행하기 위해 미리 준비하고 대비하는 것을 강조하며 변화에 적응 역시 중요하다는 사실을 개념적으로 설명했다.

따라서 개인의 발달단계마다 존재하는 과업과 수행의 달성이 중요시되며 개인의 진로발달을 돕기 위해 다양한 접근이 수행되어야 한다. 진로발달 과업은 나이가 들면서 자연스럽게 변할 수밖에 없는 생애역할에 대한 이해뿐 아니라 개인의 내적인 측면과 외적인 측면, 즉 사회경제적 맥락, 고용정책, 학교 교육, 제도 등 외부 환경도 고려하며 준비를 해나가도록 도울 수 있어야 한다는 점을 강조하였다. 특히 기업의 구조조정이나 종신고용의 붕괴는 개인의 커리어의 방향에 대한 다양한 대안을 준비하게 하고, 대비하는 환경에 직면하게 함으로써 지속적인 적응을 요구하게 된다.

현대와 같이 급격하게 변화하는 사회경제 환경 속에서는 자신의 계획대로 직업생활을 유지하는 것이 매우 힘들기 때문에 각자의 인생 주기(life-stage)와 주어진 상황에 따른 방향 전환이나 새로운 길의 모색이 필요하기에 생애발달적 관점은 진로발달을 광범위하게 이해하고 위기상의 필요 사항뿐 아니라 발달상의 필요 사항도 다루어야 한다는 점이 명백해진다.

Gysbers와 Moore가 1973년 처음 제안한 생애진로발달[1]의 개념은 한 생애에서 다양한 역할, 장면, 사건이 상호작용하고 통합되면서 개인의 자기능력 개발 과정은 전 생애에 걸쳐 전개된다는 점을 강조하고 있다. 생애진로발달은 그러한 개인의 진로발달을 거대한 그림처럼 시야에 들어올 수 있게 하는 광각렌즈와 같은 역할을 한다. 생애진로발달은 특정한 생애의 역할을 규명함과 동시에 이 생애의 역할을 다른 영역의 역할들과 연결하는 데 초점을 맞추게 한다. 다양한 상황들이 생애역할에 미치는 영향을 평가하며 계획되거나 계획되지 않은 사건들이 진로계획과 의사 결정에 미칠 수 있는 영향을 예견하기도 한다.

그러나 21세기에 들어서면서 진로발달 이론의 한계가 드러나기 시작했다. 일을 계속하고 싶은데 계속할 수 없는 현실에 놓이거나 원하는 일이 아직 이 세상에 존재하지 않는 직업일 경우에 진로상담 과정 중에 행하는 많은 개입이 별반 도움이 되지 않는다는 점이었다. 자연스럽게 변화하는 환경에 유연하게 적응하는 것이 핵심적인 개념으로 등장하면

---

1) 개인이 일생 동안 마주하게 되는 커리어상의 문제를 생애발달의 과정으로 접근하는 개념

서 다이나믹한 환경 속에서 진로라는 것은 지속적인 외부 환경에 적응해나가야 하며 스스로 만들어나가야 한다는 구성(construction)의 개념이 필요해졌다.

진로는 이미 만들어져 있는 직업을 알맞게 선택한다거나 앞으로 있을 직업을 위해 준비를 잘 하고 단계별로 교육을 시켜나가면 문제없이 해결된다는 관점보다는 예측할 수 없는 변화 속에서 진로라는 것은 창조적으로 만들어나가야 하는 것으로 관점이 변화해야 한다는 것이다. 이 과정에서 개인은 자기가 어떤 사람인지 잘 알아야 하며 지속적으로 환경과 역할에 적응하면서 자신에게 맞는 진로를 만들어나가야 한다. 변화하는 환경 속에서 의지할 것은 결국 자기 자신이 어떤 사람인가에 대한 감각이며 그 과정에서 중요하게 등장한 것이 자기인식이다. 진로구성주의 이론은 Super의 진로발달 이론을 현대적으로 확장한 것으로 Super가 말한 진로선택은 자기개념을 능동적으로 실현해나가는 것을 함의한다.

진로구성주의 이론은 사회구성주의를 메타이론으로 삼아 진로발달 이론의 주요개념을 재개념화함으로써 Super의 아이디어를 현대적 시각으로 진로에 통합하였다. 개인이 자신의 진로 관련 행동과 직업적 경험에 의미를 부여하면서 스스로의 진로를 구성해간다고 보면서 생애설계라는 새로운 패러다임으로 제시한 것이다(Savickas et al., 2009). 진로구성주의 이론에서 말하는 발달은 내적 구조의 성숙보다는 환경에의 적응 과정을 통해 이루어짐을 의미한다. 다시 말해 환경이 개인을 형성하지만 개인도 환경을 만들어간다는 입장에서 발달의 가소성 및 발달의 주체로서의 개인에 대한 인식 향상을 상담의 중요한 목표로 삼고 있다.

진로구성주의 이론하에서는 개인은 이미 존재하는 사실을 발견하는 것이 아니라 적극적으로 의미화하는 과정을 통해 진로행동을 이끌고 조절하고 유지할 수 있다고 보았다. 진로상담 과정에서는 내담자 자신이 의미 있는 경험을 찾도록 촉진하고 자신만의 진로 이야기를 만들어가도록 도움으로써 진로상담의 실질적인 방법을 제시하였다는 데 큰 의의가 있다.

진로상담 이론에서 Super의 '전생애-생애공간 이론(life-span life-space theory)'은 성인과 진로상담을 하게 될 때 매우 중요한 통찰을 제공하기도 한다. 왜냐하면 Super의 전생애-생애공간 이론은 진로이론 중에서도 가장 포괄적이고 종합적인 이론으로서 생애역할, 자아개념과 진로성숙도 등의 개념을 중심으로 이론화되었기 때문이다. Super에 따르면 개인은 삶에서 다양한 역할을 부여받으며 각각의 역할에서 요구되는 중요성의 우선순위를 정해야 한다. 복잡한 역할들의 관계 내에 놓여 있는 개인은 특정한 역할, 상황, 지위에서 자기 자신의 이미지를 갖게 되는데, 이를 자아개념(self-concept)이라 하였다. 이러한 자아개념은 개인적 요소이기도 하지만 주변의 상황에 영향을 받는 사회적 요소이기에 개인과 사회의 상호작용 속에서 자아개념은 발달하게 된다.

학교 진로교육에서 자주 등장하는 진로성숙(career maturity)이라는 개념은 '진로발달의 연속선상에서 개인이 도달하는 위치'로 정의한다.

진로성숙을 포괄적으로 보자면 진로문제에 대처할 수 있는 준비도 정도로 이해하면 된다. Super는 C-DAC(Career Development Assessment and Counseling model) 모형을 통해 진로발달 이론을 진로상담과 접목하고자 하였다. C-DAC 모형은 전생애적 관점에서 한 개인의 주요한 진로문제, 진로발달 과업, 진로의사 결정 준비도 등을 평가한다. 이러한 평가를 바탕으로 사람들이 처한 생애역할에 따라 부여한 우선순위를 결정하도록 돕는다.

상담 자료와 심리검사를 통한 평가 자료를 하나의 이야기로 통합하는 과정 속에서 개인의 직업적 정체성, 자기개념, 진로에 맞는 직업, 대처 자원들, 특정 발달 과제가 주어지는 여러 생애역할의 맥락 속의 위치가 사실적이고 신중하게 그 속에 묘사될 수 있다. 그리고 이 이야기를 통해 우리가 개인의 진로문제와 진로발달을 촉진시키기 위한 상담계획을 수립할 수 있게 돕는다(Super 외, 1996). C-DAC에서 평가는 크게 생애구조와 주요한 직업 역할, 진로발달 수준과 자원, 가치, 흥미, 능력을 포함하는 직업적 정체성, 직업적인 자아개념과 생애주제의 네 가지 평가를 포함한다. 상담사는 상담자의 진로문제와 관련된 부분을 네 단계로 평가하게 되는데,

1. 생애역할과 관련하여 직업 역할의 중요성을 평가하기
2. 현재의 진로단계 및 진로문제를 파악한 후 도움받을 수 있는 선택 가능 자원을 확인하고 그 자원이 직업 세계에 적합한지 평가하기

3. 각자의 흥미, 적성, 그리고 가치를 특성과 요인 방법론에 따라 평가하기

4. 질적 평가 절차를 사용하여 자기개념과 생애주제를 평가하기

특히 C-DAC에서 마지막 단계는 평가와 면접 자료를 의미 있는 전체로 통합하는 것이다.

외부의 환경이 변화할수록 '나'라는 흔들리지 않는 중심을 돌보아야 한다. 진로상담은 아직 발견하지 못한 자신의 열정을 확인하고 자신의 재능을 발휘할 새로운 영역의 일을 모색하면서 삶의 의미와 가치를 되찾을 수 있도록 조력한다. 상담 과정을 통해 한 번도 조명 받지 못했던 나의 내면에 귀를 기울이고 자신의 삶 속에서 자신이 주인공으로 살아갈 수 있는 기회를 탐색해야 한다.

진로상담에서
다루는
것들

　　진로상담은 각자의 삶에서 의미 있는 것에 집중할 수 있
도록 돕는다. 이는 몇 가지 질문을 기본 전제로 한다.

만약 당신이 그 직업을 갖게 되면
평생 부유하게 살지 못한다 해도
지금 생각하는 그 일을
계속 할 마음이 있는가?
로또에 당첨된다고 해도
지금 하는 일을 계속 할 것인가?

만약 당신의 가슴이
이끄는 일이 있다면,
그 선택을 가로막는
장애물은 무엇인가?

이런 것을 고찰하고 그것을 '나'로서 어떻게 대처할 수 있을지 살펴보는 것이다. 그러나 보편적으로 내담자들은 진로상담의 실리적인 측면을 기대한다. 상담을 받으면 당장 실업 상태에서 벗어나 다음 달 출근할 회사라도 찾아주는 건가? 연봉이 더 많은 직장으로 이직하는 데 필요한 정보를 주는 건가? 매일매일 기쁨과 희열에 들뜬 상태로 일할 수 있는 천직을 알려주는 건가? 그런 게 아니라면, 굳이 돈 내고 상담을 할 필요가 있을까? 아마도 이러한 갈등과 싸워야 하는 것이 진로상담사의 숙명인지도 모르겠다.

진로상담이 어떤 효용이 있는가에 대한 연구 결과들을 주의 깊게 살펴보면, 내담자가(상담을 받는 이들을 일컫는 용어) 하고 싶은 일에 대한 새로운 희망이나 투지를 갖게 되었다는 것을 자주 보게 된다. 진로상담으로부터 얻어지는 새로운 발견과 통찰을 통해서 자기 자신과 새로운 기회들에 대해 더 잘 알게 되었다는 이야기들이다. 진로상담의 결과에 대한 연구에서(Holland, Magoon & Spokane, 1981) 내담자들이 자신과 기회를 보는 방식이 변화하였다는 결과가 다수 보고되었다. 스스로에 대해 더 많이 알게 된 다음, 직업 세계에 필요한 정보가 무엇인지를 알고, 그 다음에 행동을 하게 된다는 것이다. 진로상담이 자신의 삶에서 좋은 계획을 위한 토대를 제공한다는 것은 틀림이 없다.

지난 3년간 임용고시를 준비 중인 진희 씨는 사범대에 진학하여 일찌감치 교사라는 목표를 정하고 최선을 다했지만 좋은 결과가 나지 않아 이리저리 방황 끝에 진로상담실을 찾아왔다.

그동안 교사가 되어 존경받는 자신의 모습을 그렸고, 주변에서도 벌써 교사가 된 양 부러워하고 응원해주곤 했다. 진희 씨에게 교사는 '최고의 직업'이었고 단 하나이자 유일한 진로목표였으며 다른 대안은 끼어들 틈이 없었다. 그렇게 햇수로만 5년에 가까운 시간이 흘렀다. 이 시간이 지나고 합격만 하면 '고생 끝 행복 시작'이라며 스스로를 다독였지만 이번 시험 결과도 불합격이었다.

교사만이 나의 천직이라 생각해온 진희 씨는 더 이상 견디기가 힘들었다. 지금까지 해온 그대로 공부를 이어나갈 자신도 없었고 다른 무언가라도 해야 할 것 같은 조급함에 먼저 취업한 친구들에게 도움을 요청해봐도 구직 사이트를 찾아보라는 이야기만 들었을 뿐 암담하기만 했다. 무엇보다 구직 사이트에는 자신의 눈높이에 맞는 대상이 없었다. 이름조차 들어본 적 없는 회사들은 뭘 하는 곳인지도 모르겠고, 직무 설명을 읽어도 이해가 되지 않았다. 준비한 스펙이 없는 건 자신도 잘 아는 사실이니 무작정 대기업을 바라진 않지만, 그렇다고 아무 곳이나 들어가고 싶지는 않았다. 또한 교사를 꿈꾸며 교사의 복지와 연봉만 바라보고 살았는데 갑자기 일개 회사원으로 살아가야 한다는 사실도 받아들이기 어려웠다. 평범한 직장인이 될 거였다면 고교 시절부터 지금까지 무엇을 위해 그토록 열심히 공부해왔던 걸까? 허무하기만 했다.

진희 씨가 진로상담실을 찾게 된 것은 도움을 구하기 위해서였다. 그녀는 갑작스럽게 마주한 현실 앞에 많은 고민을 하고 있었다. 왜 자신의 노력이 이런 결과를 낳았는지에 대한 분노감과 실패감, 좌절감에 빠져 있었지만 그런 와중 새로운 진로 방향을 찾아야 해 혼란스러운 상태였다.

내가 보기에 진희 씨는 꽤 성실하고 합리적인 사람으로 보였으나 자신의 진로문제에 있어서 만큼은 굉장히 보수적이었고 한 가지 생각만을 고수하는 편이었다. 꿈꾸던 교사가 되면 모든 것이 행복하겠지만, 평범한 직장인이 되면 복지도, 처우도 별로이고 야근도 해야 하고 혹시나 가정을 꾸리게 되면 육아 휴직도 눈치 보이고…. 교사가 되지 못하면 자신의 인생이 불행해질 것이라는 이유를 수천 가지는 댈 수 있을 것 같았다.

하지만 진희 씨의 이러한 생각은 실제 경험을 통해 알게 된 것이 아니라 뉴스나 신문상의 이야기를 보면서 견고하게 구축해온 혼자만의 믿음이었다. 물론 없는 사실을 말하는 것은 아니지만 진희 씨는 이러한 문제가 바로 자신을 꼼짝 못하게 하고 있다는 걸 알지 못했다.

진희 씨는 교사라는 직업을 목표로 하던 것과 별개로 좀 더 다양한 일에 개방적인 태도를 갖는 것이 필요해 보였다. 교사가 아닌 모든 직업은 별로라는 신념에도 도전이 필요하고, 가장 중요한 부분은 자신의 천직은 자신이 구성해나가는 과정 속에서 만들어나갈 수 있다는 관점의 전환도 필요했다. 교사가 된다 해도 직업인으로서 자신의 커리어를 또

다시 구성해나가야 한다. 하지만 그동안 쉼 없이 달려와 절망 속에 빠져 있는 진희 씨에겐 심리적으로 자신을 위한 시간이 필요하고 따뜻하고 정교한 전문가의 도움이 필요했다. 교사가 아니라도 자신의 재능과 성실성을 빛내며 가치로운 일을 할 수 있다. 그 지점에서부터 새로운 이야기를 써나가야 할 것이다.

내담자와 대화를 하다 보면 종종 '자신의 꿈을 이루기 위해 잠재력을 발휘하려면 무엇을 해야 하는가'라는 주제에 대해서 몇 시간씩 이야기를 하기도 한다. 개개인이 처한 상황은 매우 다양한데, 모두가 어떻게 하면 좋아하는 일을 하며 살 수 있을까를 각자 나름의 방법으로 끊임없이 고민하기 때문이다. 내가 진짜 누구인지, 추구하는 가치는 무엇인지, 이루고 싶은 소망은 무엇인지 스스로 발견해나가는 데 진로상담은 좋은 안내자가 되어줄 수 있을 것이다. 상담사는 그 과정에서 함께 있어주는 것이다. 같이 있어준다는 것은 내담자가 스스로의 삶에 깊숙이 들어가 성찰하고 돌아보게 하도록 관여하는 것이다. 결국 이러한 탐색 과정을 통해서 우리는 자신을 들여다볼 수 있으며 자기다운 길을 찾을 수 있게 된다.

나는 진로구성주의 이론에 기반하여 진로상담을 하는데, 이론적 배경을 갖고 있는 것은 진로상담 과정에서 무엇을 하고 무엇을 하지 않을지에 대한 엄격한 기준을 제공하며 내담자에게 활용하는 도구나 기법에 대한 정확한 수행의 유무를 평가할 수 있다는 점에서 전문가가 갖추어야 할 부분이다. 진로구성주의를 기반한 상담은 진로 이야기 속에 담긴 내담자의 직업적 성격(vocational personality), 진로적응도(personal adaptability), 생애주제(life theme)를 찾아갈 수 있도록 돕는다.

직업적 성격(vocational personality)

직업적 성격은 진로와 관련된 개인의 능력, 욕구, 가치, 흥미 등을 의미한다. 진로구성주의 이론도 개인마다 독특한 특성이 있고, 그 특성은 성격의 유형과 관련되어 있으며, 그러한 개인의 성격 유형이 직업의 특성과 연결될 수 있다고 생각한다. 진로구성주의에서는 사람들이 특정한 진로행동을 보이는 이유가 생애주제로 표현되는 방법을 이해하고자 노력한다. 진로에서의 개인차를 존중하나, 개인차를 바라보는 관점과 개인차에 따라 진로를 찾아가는 과정에 차이가 있다고 할 수 있다. 표준화된 직업흥미검사 결과 하나만으로 내담자의 진짜 흥미를 해석하지 않고 하나의 가능성으로 보며 가설을 만드는 데 활용한다는 점이 큰 특징이라고 할 수 있다.

진로적응도(personal adaptability)

빠르고 복잡하게 변하는 21세기에서는 융통성과 적응력이 요구된다. 적응력은 진로변화나 직업환경에 적응하는 데 필요한 태도, 행동, 능력으로 구성되는데 이를 통해 직업에서 자기개념을 실현할 수 있도록 자신을 잘 적응시키게 되며 환경을 변화시키는 과정을 촉진할 수 있게 된다. 변화에 대한 개인의 적응도를 뜻하는 진로적응성은 자신의 진로를 구성해나가는 과정에서의 극복 과정을 강조한다. 현재 당면한 진로발달 과업, 직업전환, 마음의 상처 극복에 필요한 개인의 준비도와 자원을 의미하는 심리적 구인이기 때문에 진로적응도를 통해 개인은 자신의 자아개념을 직업적 역할 속에서 실현해내고, 자신의 진로를 새롭게 만드는 과정으로 선순환될 수 있다. 진로적응도는 자원과 전략에 따라 네 가지 차원의 관심, 통제, 호기심, 자신감의 요소를 포함한다. 잘 적응한다는 것은 다시 말해 자신의 커리어에 대해 지속적으로 관심을 갖고 주도권이 자신에게 있음을 알며 일의 세계에 관심을 기울이고 실행을 위한 자신감을 갖추는 것이 중요하다.

반대로 자신의 미래나 일에 무관심하고 타인의 통제에 휘둘리며 모든 일에 냉담하고 부정적으로 해보기도 전에 '나는 못해낼 것'이라는 두려움에 처하면 적응성은 낮아지게 된다. 이러한 진로적응도를 구성하는 요소들은 문제 상황을 대처할 때 느끼는 정서적 측면을 지칭하기도 하지만 행동을 이끌어가는 능동성뿐 아니라 이해력과 문제해결력을 포함하는 인지적 능력 모두를 아우르는 속성이다.

생애주제(life theme)

생애주제는 Super가 이야기한 자기개념을 표현하며 자신의 일이나 생애역할에 의미를 부여하게 하는 원동력이다. 생애주제는 개인에게 있어 직업 선택을 통해 자아개념을 구체화하고, 일을 통해 자신을 드러내는 진로 관련 행동의 이유가 되기 때문에 Savickas는 개인의 생애주제를 담은 개인의 진로 관련 경험담을 듣는 과정이 매우 중요함을 강조하였다.

커리어스타일인터뷰(Career Style Interview)는 진로구성주의 이론가들이 활용하는 구조화된 면접 기법으로, 총 8개로 구성된 질문을 통해 수행하게 된다. 최근에는 Career Story Interview로 'CSI'라 일컫는다.

1. 이 시간(진로상담)을 어떻게 활용하고 싶습니까?
2. 당신이 어릴 적 존경했던 롤모델 3인은 누구이며, 그 이유는 무엇입니까?
3. 당신이 좋아하는 잡지(TV프로그램 또는 웹사이트)는 무엇이며, 그 이유는 무엇입니까?
4. 좋아하는 책이나 영화는 무엇입니까?
5. 좋아하는 좌우명이나 명언은 무엇입니까?
6. 좋아하는 과목은 무엇입니까?
7. 여가 시간은 어떻게 보내나요?
8. 당신의 삶에서 가장 어릴 적 기억에 대해 이야기해주세요(세 가지)

맨 처음 질문은 개인의 진로준비도를 파악하고 목표 설정을 위한 것이며 심리상담에서 목표 설정을 위해 진행하는 질문과도 매우 유사하다. 진로상담사는 커리어스토리 인터뷰를 통해 내담자가 자신에 대한 생각을 명확히 알아차릴 수 있도록 하며 이야기 중 발견한 시사점을 스스로 깨닫도록 촉진한다. 이어 드러난 생애주제를 호소 문제에 연결시키려는 노력은 상담사와 내담자의 작업 동맹하에서 이루어지게 되는데, 이 과정은 전문적인 숙련을 요하는 과정이다.

각자의 진로 이야기를 통합하여 생애주제를 찾아나가는 과정이 바로 진로상담의 과정이라고 할 수 있다. 진로상담사의 주된 역할은 사람들이 자신의 생애주제를 발견하고 그것을 직업과 연결시켜 직업에 보다 깊은 의미를 부여하고 사회에 공헌하도록 도와주는 것이다.

진로구성주의 이론에서 말하는 16가지 이론적 가정

- 사회적 역할을 통해 개인의 삶의 과정을 구성한다
- 직업은 핵심적인 역할을 부여하고 성격 조직의 중심이 된다
- 개인의 진로 유형(직업 지위, 직업의 순서, 지속기간, 변경 빈도 등)은 부모의 사회경제적 지위와 교육 수준, 능력, 성격, 자아개념, 기회에 대한 적응 능력에 달려 있다
- 능력, 성격, 자아개념 등 직업 관련 특성에는 개인차가 존재한다
- 각 직업이 요구하는 직업 관련 특성도 서로 다르다
- 사람들은 다양한 직업에 대한 자질을 가지고 있다
- 일에서의 역할이 자신의 탁월한 직업 관련 특성과 맞는 정도가 직업적 성공을 좌우한다
- 만족감은 직업적 자아개념의 실현 가능성에 비례한다
- 진로구성 과정이란 직업적 자아개념의 발달 및 실현의 과정이다

- 자아개념과 직업적 선호는 계속 변한다
- 진로는 성장, 탐색, 확립, 유지, 쇠퇴의 과정을 순환한다
- 전환기에는 성장, 탐색, 확립, 유지, 쇠퇴의 5단계가 반복된다
- 진로성숙도란 발달 과업의 수행 정도로 정의할 수 있다
- 진로적응도란 발달 과업을 수행할 수 있는 준비도와 사원이다(태도, 신념. 능력)
- 진로구성은 진로발달 과업에 의해 시작되고 발달 과업에 대한 반응으로 완성된다
- 발달 과업을 설명하는 대화, 적응력 훈련, 자아개념을 명료화하는 활동으로 촉진할 수 있다

진로구성주의의 이론적 모델을 활용하는 진로상담사는 실제 상담 시에 표준화 검사의 사용 및 해석은 가급적 최소화하는 경향이 있다. 검사를 활용하기보다는 개인과 깊이 있는 대화를 통해 각자의 직업적 성격과 생애진로주제를 확인하게 된다. 결국 자신에 대한 정체성을 확립하는 데 도움을 주게 된다. 그러한 정체성을 바탕으로 하여 자신의 진로를 구성해나가는 창조의 과정을 진로구성으로 이해하면 좋을 것이다. 이 과정에서 낡은 진로 이야기와 생애 이야기가 해체되고 성찰을 통해 의미 있는 스토리로 재구성되기도 한다.

진로상담은 나다운 것에서 기인하지만 '나다움'이란 것이 매우 모호하기 때문에 늘 알기 어렵다. 어쩌면 진로문제는 심리적 문제와 가깝게

닿아 있다고 볼 수 있다. 심리상담과 마찬가지로 자신에 대한 깊은 이해와 성찰을 위한 시간을 통해 정보를 활용한다는 점에서 진로문제도 결국은 자신을 이해하는 것에 기반한다. 때문에 진로발달은 심리학에 견주어 볼 수도 있다. 심리학에서 말하는 '발달'의 개념은 '변화'와 가장 동일시된다. 발달의 과정은 어쩔 수 없는 균형과 불균형의 반복이고, 여기서 중요한 것은 안정성과 변화이다.

만약 지금 당신이 일과 관련하여 무척 혼란스럽다면 그것은 진로발달의 여정에 놓여 있기 때문이며 균형과 불균형의 반복을 경험하는 중인 것은 아닌가 질문해볼 수 있다. 나 자신도 변화할뿐더러 주변 환경도 변화하고, 사회의 모든 가치와 조건도 변화한다. 그 변화 속에서 진로상담사는 심리상담과 마찬가지로 상담자의 내적인 갈등과 무의식적 욕구, 인생 전반의 트라우마나 결핍을 다루고 내면의 성장을 통해 자아기능을 회복하고 자신을 깨우치는 데 초점을 둔다. 그리고 이 기준은 상담사의 이론적 지향 또한 중요하게 작용한다.

상담사의 이론적 지향은 상담 시 상담사가 기반을 두고 있는 이론적 토대를 의미하는데 진로상담에서는 특성이론이나 유형론을 좋아하는 상담자도 있고 사회인지인론이나 관계, 욕구를 기반으로 상담을 하는 경우도 있다. 혹은 구성주의 진로상담적 지향을 가진 상담사라면 진로라는 것이 환경과 사회적 맥락 속에서 지속적으로 변화하고 그에 맞게 끊임없이 재창조되는 것으로 간주하게 되며, 따라서 사용하는 상담의 기법도 다르고 내담자를 보는 인식도 다를 수밖에 없다. 심리상담에서 상담사의 이론적 지향이 정신분석인가 인지치료 중심인가 게슈탈트 이론인가에 따라서 내담자를 바라보는 인간관이 달라지고 상담과 과정의 기법이 상이해지는 것과 같다. 덧붙여 진로상담에서는 진로문제를 가지고 있는 내담자들의 불안이나 우울과 같은 심리적 문제를 다루기도 하는데, 심리학적인 지식과 전문훈련을 바탕으로 진로와 관련된 문제에 개입하는 것이 된다.

진로라는 것을 어딘가에 숨겨진 천직을 발견해내는 일이라고 생각하는 경우 우리는 절망에 사로잡힐 수밖에 없다. 완벽하게 이상적인 직업이라는 것이 어딘가 저 무지개 너머에 숨겨져 있는데 나만 부족해서 그것을 찾지 못하고 있다고 생각하는 사람들은 끊임없이 타인에게 질문하고 타인은 어떻게 해서 그곳에 도달해 있는지 궁금해한다. 정작 자신을 돌아볼 생각은 하지 못하고 자신에게 운이 없음을 한탄하고 타인의 행운을 부러워하게 된다. 그러나 천직은 발견한다기보다는 자신의 삶 속에서 구현해내는 '구성'의 개념에 더 가깝다.

자신에게 맞는 일이라는 것은 자신이 자신의 경험을 깊이 있게 성찰하고 자신에 대해 이해하면서 자신에게 적합한 일로 조금씩 나아가는 학습의 과정이라는 것을 아는 것은 진로를 좀 더 다른 관점에서 바라보게 할 수 있다. 따라서 단 하나의 천직이나 단 하나의 멋진 직업이 있고 그 직업을 찾기 전까지 아무것도 시도하지 않고 기다리는 것은 어리석은 일이다.

자신의 진로를 계획하고 설계하는 데는 다양한 방법이 도움이 될 수 있다. 어떤 이들에게는 직관적이고 우연적인 방식이 매우 도움이 될 수도 있고 어떤 이에게는 체계적이며 전략적인 접근이 도움이 될 수 있다. 진로상담도 많은 대안 중의 하나이며 그 대안을 충분히 고려해 본다는 것은 누군가에게 귀한 경험이 될 수 있다. 때문에 진로상담사들은 진로발달의 이론과 진로검사 도구뿐 아니라 개인을 둘러싸고 있는 다양한 조직, 제도, 기관의 정책부터 고용환경, 기술의 변화, 일자리의 동향, 신생 직업이나 유망 직업, 인구구조의 변화에 이르기까지 외부 환경에 대한 충분한 지식과 정보를 겸비하고 내담자를 돕기 위해 노력하게 된다.

진로,
나를 아는 것의 중요성

우리는 모두 무엇인가 되고자 한다. 하지만 그 목표가 진정 자신이 원하는 것인지에 대해 다시 한 번 고찰해볼 필요가 있다. 진로를 탐색하고 결정할 때 가장 중심이 되는 것은 '나'이다. 타인의 개입이 존재해서는 안 되며 스스로 원하는 것 또한 자신의 의지가 맞는지 객관적으로, 질적으로 따져보아야 한다. 나를 깊이 이해하기 위해 어떤 것들이 필요한지, 또 외부의 환경과 내면의 관계가 진로형성에 어떤 영향을 미치는지 알아보며 진정한 자신을 먼저 탐구해보아야 한다.

　　많은 이들이 자신이 원하는 것 그 자체를 찾기 위해 고민을 한다. 나 역시 오래도록 그랬고 지금도 여전히 그렇다. 자기 자신을 알아야 한다는데 그 질문이 가장 어려운 질문 같아 먹먹해진다. 특히 대학생들에게 이런 질문은 하나의 스트레스이기도 하다. 공부만 열심히 하라고 해서 나의 욕망을 억누른 채 공부했는데, 이제 와서 내가 원하는 것을 찾아보라니…. 억울한 감정마저 올라온다. 내가 무엇을 원하는지 생각하는 것조차 잊어버렸는데 이제 와서 다시 하고 싶은 일을 찾아보라니 이율배반적이고 터무니없다. 분노 비슷한 감정을 느끼기도 한다. 내가 원하는 일을 생각하고 찾는 일은 피할 수 없는 일이다. 이 과정은 혼란스럽다. 피할 수는 없을까? 일은 하고 싶지 않은데 돈은 벌고 싶다는 모순된 소망이 나를 압도하기도 한다. 그러나 로또보다 더한 행운은 자신이 하는 일이 즐겁고 보람 있는 삶을 사는 것이다. 혼란스럽더라도 시도는 해보았으면 한다. 이 문제를 해결하기 어렵게 만드는 이유는 다음과 같다.

첫째, 일과 관련된 경험이 매우 빈약하다.

진로는 '나'를 떠나서 해결할 수가 없다. 그러니 '나'를 알기 위해 생각해보고, 경험해보아야 한다. 다양한 경험을 통해 자신이 무엇을 원하는지 선명해지고 무엇을 하고 싶은지에 대한 확신을 얻을 수 있는데 경험 자체가 너무 적다 보니 아무것도 선택할 수 없다. 오로지 공부에만 매달리는 청소년기는 다양한 경험을 하는 것이 불가능한 일이기도 하다. 결국 경험의 빈곤이 성찰의 빈곤으로, 성찰의 빈곤이 더 나아가 학습의 빈곤으로 이어지면서 자신이 누구인지 알지 못하게 되고 만다.

경험의 힘이 발휘되는 순간은 자신이 어디에 반응하는 사람인지 판단할 준거를 스스로의 경험 안에 장착할 때이다. 개인을 성장시키는 중요한 경험이 자신을 이해하는 데 좋은 재료가 될 수 있다. 학부모를 만나 상담을 할 때, 자녀들이 새로운 것을 해볼 수 있는 시간적·물리적 공간을 허용해주는 부모가 되라는 당부를 하곤 하지만 대다수의 부모님들은 공부할 시간에 쓸데없는 짓을 하며 공부에 소홀하지 않을까 걱정을 한다. 자녀들이 쓸데없는 일에 신경을 쓰다가 공부할 시간이 줄어든다고 생각하기 때문이다. 더욱이 공부를 잘하면 진로문제는 자연스럽게 해결이 될 것이라고 믿는 순진함도 한몫한다. 공부를 하지 말라거나 정규교육 과정이 의미 없다는 이야기가 아니다. 자신이 원하는 것을 알아가기 위해서는 탐색의 과정이 필요한데 그 탐색의 과정을 공부 잘하는 것으로 단순화하는 데 큰 오류가 있다는 점을 지적하는 것이다.

둘째, 직군과 직무에 대한 이해도가 없다.

앞으로 자신이 몸담게 될 가능성이 높은 직업에서 어떤 일을 하게 되는지 잘 모르기 때문에 무엇을 좋아하는지 어떤 일이 나의 가슴을 뛰게 하는지도 알지 못한다. 이 점에서는 일에 대한 감각을 기르고 관련 경험을 얼마나 했는가가 중요하다. 관심이 있는 일과 관련된 경험을 통해 꿈을 현실화해나갈 수 있다. 지식 중심에서 경험 중심으로 시야를 넓혀나갈 필요가 있는 것이다. 첫 번째 장애물에 걸려 넘어지면 두 번째는 더 어렵다. 경험의 양을 늘리고 질을 높여야 하니 어려울 수밖에 없다. 시간이 없는 우리로서는 그러하다.

셋째, 자기 자신에 대해 모른다.

누군가의 기대대로 사는 삶, 현실이 아닌 미디어의 욕망이 만들어낸 삶, 누군가의 불안이 투사된 집단의 욕망을 그대로 자신의 것으로 오해하는 젊은이들은 소수의 진로목표에 올인하는 경우가 있다. 놀랄 만한 사실도 아니지만 많은 청춘들은 부모님이 원하는 삶과 자신이 원하는 삶을 구분하지 않고 대중이 원하는 삶과 자신이 욕망하는 삶 사이의 경계를 의식하지 못한다.

자기를 주체로 생각하거나 자신의 삶에 주인이 되지 못하면 결국 타인의 삶을 자신의 삶의 기준으로 갖고 올 수밖에 없다. 남들이 좋다고 해서, 좋아 보이는 일이라서, 부모님이 권유해서, 세상 사람들이 이게 좋다고 하니까, 해야만 하는 일이라서, 남들이 인정해주는 일이니까…

맹목적으로 따라가게 될 수밖에 없다. 무수히 난 길 위에 불안의 그림자가 우리의 주체성을 삼켜버리면 생각 없는 존재로, 텅 빈 존재로 살 수밖에 없다. 자신을 둘러싼 중요한 타자들의 영향을 완전히 무시할 수 없겠지만 균형점을 갖출 필요가 있다. 이 생각은 누구의 의견인가? 냉정하게 반문해보아야만 한다. 갈등과 고통이 따르더라도 이 과정이 필요하다. 내 진로 결정에 자기 자신은 없고 타인만 가득한 것은 아닌가? 혹은 나만 좋자고 주변의 중요한 타인들을 모두 희생시키는 것은 아닌가? 성찰해보아야 한다.

가끔 수업시간에 학생들에게 평소 어떤 활동을 좋아하는지 생각해보라고 시간을 주고 한다. 대개는 맛집투어, 영화감상, 음악감상, 쇼핑 등을 말한다. 좀 더 이야기를 나누면서 좋아하는 활동의 어떤 부분을 좋아하는지, 그때 자신에게 일어나는 감정은 무엇인지, 즐거움을 주고 기쁨을 주는 이유는 무엇인지 조금 더 깊이 생각해보도록 한다. 그런데 이 과정에서 자주 장애물을 만난다. 대답이 거의 비슷하고 추상적인 경우가 많다는 점이다. 이는 어떤 활동이나 대상에 대해서 깊게 생각해본 적이 없기 때문이다. 좋아하는 것이라고 할지라도 과연 어느 정도 좋아하는 것인지, 참여할 때 발휘하는 숙련도는 어느 정도인지, 왜 좋아하는지, 특별히 좋아하는 이유는 무엇인지 한번쯤 생각해보아야 한다. 싫어하는 활동이라도 어떤 이유 때문에 싫어하는지, 구체적으로 무엇이 싫은지 치열한 생각도 돌아봄도 부족하다.

예컨대 머리를 많이 써야 하거나 시간이 많이 걸리는 것 때문에 그 일이 싫다면 결과가 바로 나오는 일을 경험할 때는 어땠는지 이야기를 나누어본다. 혼자서 해야 하는 일이라서 힘들었다면 최근 여럿이 했던 일에서 자신은 어떤 역할을 했고 그 속에서 어떤 감정을 느꼈는지도 탐색한다. 한마디로 상세히 들여다봐야 한다. 매우 중요한 탐색의 과정인데, 이 과정을 수행해본 내담자들은 자신에 대해서 새롭게 알게 되었다며 의외라는 반응을 보인다. 진로상담사는 그런 대답을 듣고 각자의 희망과 욕구의 패턴을 보려고 노력한다. 이 작업에서 매우 어려운 점은 부모나 다른 역할 모델들이 좋아하는 것, 부모가 자기에게 바라는 것, 그리고 또래들이 멋있다고 생각하는 것을 자신도 좋아한다고 생각하고 그 범주 안에서 한 발짝도 움직이지 못하는 경우인데, 매우 편협한 생각에 갇혀 있기 때문에 자신의 열정을 쏟아부어 헌신할 일을 찾기란 매우 어렵게 된다.

내가 무엇을 원하는가를 알기 위해서는 나는 왜 일을 하려고 하며 일이란 도대체 나에게 어떤 의미이며 나는 어떤 목적을 추구하는 인간인가에 대한 정리가 선행되어야 하는데, 그 과정이 생략된 채로 흥미를 이야기하기 때문에 감각적으로 즐거움을 주는 대상을 자신의 욕망이라고 착각하게 된다. 좀 더 깊게 이야기하면 진로상담에서 일어나는 이 과정은 진로정체감과 관련된 부분의 탐색이다. 진로정체감은 개인이 가지고 있는 현재와 미래 목표의 확실성과 안정성을 의미하는데, 진로정체감이 높은 사람은 낮은 사람에 비해 직업에 대한 개인의 목표가 뚜렷하며 자신의 흥미, 능력, 가치에 대한 명확하고 안정된 상을 가지게 된다

(Sharf, 2006).

　진로정체감은 어디선가 하늘에서 뚝 떨어지는 것도 아니고 나이를 먹는다고 자연스럽게 발휘되는 것도 아니다. 생애진로를 펼쳐나가며 각각의 발달단계마다 해결해내야 하는 발달의 과업을 스스로 마주하고 그 과정에서 필수적으로 초래되는 위기들을 대처해 나아가면서 형성되는 선물 같은 것이기 때문이다. 그러니 스스로 탐색해보거나 스스로 몰입해본 적이 없는 사람이 진로정체감을 형성하기란 거의 불가능에 가깝다고 볼 수 있다.

　물론 모든 이들이 원하는 일만을 하고 사는 것은 아니다. 어쩔 수 없이 해야만 하는 일도 있으며 때로는 하고 싶은 일을 포기하기도 한다. 할 수 있는 일과 하고 싶은 일이 다를 수도 있다. 이 과정에서 우리는 현실적인 환경의 조건을 살펴보아야만 한다. 당장 먹고사는 일이 중요하다면 자립하고 생존하는 것이 급선무이다. 그 무엇보다 자립이 중요한 의사 결정의 기준이다. 그리고 현실과 미래를 조율하면서 지금 내가 할 수 있는 일을 찾아야만 한다.

　어느 정도 안정이 되었다면 비로소 하고 싶은 일을 생각해볼 수도 있다. 그렇게 행동하는 것이 비겁한 것도 아니고 자신을 부인하는 것도 아니다. 꿈을 인생의 다른 시기로 미뤄두거나 우선순위가 바뀔 수도 있다. 현실적 제약 때문에 현실과 타협해야 하는 경우도 있다. 자신의 욕구와 현실의 환경은 지속적으로 상호작용하며 그 안에서 스스로가 인생의 주체로 선택의 책임을 지려고 해야 한다. 진로는 막연하게 '꿈꾸는 직업을 찾는 일'도 아닐뿐더러 '먹고살기 위해 감당해야만 하는 일'도 아니다. 우리는 여러 국면의 위기와 갈등을 겪고 또 타협과 조율을 하게 된다. 그 과정에서 진로정체감은 좀 더 분명해지고 자기 자신에 대한 이해도 더불어 높아진다.

경험과 성찰, 새로운 학습은 연속해서 작용하며 필연적으로 시행착오와 실수 등을 포함한다. 실수를 하지 않고 완벽한 선택지를 찾고 싶은데 실수를 포함하는 다양한 경험을 해야 진로정체감이 높아진다니 뫼비우스의 띠와 같은 이야기이다. 실수나 시행착오 없이 정답만을 선택해서 살고 싶은데 그 모두를 포괄하라니, 영원히 끝나지 않는 굴레에 사로잡힌 듯한 불편감마저 일어난다. 그러나 아무것도 시도하지 않으면 아무것도 나아질 것이 없고 자신에 대해서 더 나은 이해로 안내되지 못한다. 자신에 대한 이해가 높아지지 않는다면 지속적으로 내가 무엇을 원하는지 알 수 없는 미로에 남게 될 뿐이다. 대단한 시도가 아니라도 한 번의 시도가 중요하고 큰 기대 없이 저지를 줄 아는 용기도 필요하다.

상담 과정에서 만나는 거의 모든 대상자들은 자신이 시도할 수 없는 수백 가지의 이유들을 가지고 있다. '배운 게 없어서', '돈이 없어서', '시간이 없어서', '밀어주는 사람이 없어서', '거리가 멀어서' 등등…. 그중 가장 많은 대답은 '나이가 많아서'이다. 하지만 중학생들도 이미 늦어서 자신은 어쩔 수 없고 고등학생들도 이미 너무 늦어서 더는 어떻게 해볼 수 없고 대학생들도 자신은 이미 너무 늦어서 나아질 수 없다고 말한다. 이런 이야기를 마주하며 나는 더 이상 놀라지도 않는다. 성적이 대단치 않아서 늦었고, 이미 고등학생이 되어서 늦었고, 전공을 결정하여서 늦었고, 대학 졸업반이라서 늦었고, 20대 후반이라서 늦었고, 30대이기 때문에 늦었다고 한다. 할 수 없는 이유 수백 가지를 앞에 두고도 우리는 비슷한 대목에서 같은 이유로 멈추게 된다. 심지어 어떤 분은 이번 생은 이렇게 살고 다음 생에서나 희망을 걸어보겠다며 자조적인 이야기를 하기도 하였다. 탓하고 싶지는 않다. 나 역시 안 될 이유 수백 가지 들기에 둘째가라면 서러워할 만큼 걱정이 많고 두려움도 많은 사람이기에 이해할 수 있다. 하지만 단 하나의 질문을 덧붙이고 싶다.

용기를 내야 하는 순간이 바로 지금이라면 당신은 무엇을 하겠는가?

진로상담 과정은 용기를 내야 하는 순간을 알아채고 도전할 용기를 얻게 하는 데 도움이 된다. 지금 이 순간의 소중함을 깨닫는 것이다. 프로이트가 말했듯이 우리에게는 '일'과 '사랑'이라는 두 가지 영역에서의 성공이라는 명확한 과제가 있다. 자신에게 잘 맞는 일을 할 때 우리의 행복감은 이루 말로 다할 수 없다. 즉, 일을 통한 행복은 우리 삶을 이루는 큰 축복이다. 바로 지금이 도전하기 가장 좋은 때인지도 모른다.

나도
모르는 사이
나를 만든 것

　　가족의 압력과 기대에 의한 영향, 그리고 가족이 부여한 직업의 가치는 개인의 진로선택에서 얼마나 많은 영향을 미치는가. 임상현장에서 경험을 쌓아갈수록 가족의 역동과 관계를 이해하는 것의 중요성을 크게 인식하게 되었다. 진로상담 과정에서, 특히 어린 학생들과의 진로상담 중에 "네 인생은 네 것이니 네 맘대로 하라"는 메시지를 담지 않도록 주의할 필요가 있다고 생각한다. 결과론적으로 말하면 '네 인생은 네 것'이다. 그 누구도 대신 살아주지 않는 것은 맞다. 그러나 그 과정에서 민감하게 다루어야 할 단계들이 있다는 점은 명심해야만 한다. 다짜고짜 네 인생은 네 것이니까 부모 말 들을 필요 없다는 식의 상담은 매우 위험하다.

　　최근 부모들을 대상으로 진로특강을 하다 보면 자주 나오는 질문이 있다. "앞으로는 알파고의 시대이니 이공계로 가는 게 맞는데(?) 아이가 만화를 그리고 싶어 한다"는 것이다. "그림 그려서는 먹고 살기도 힘든데…" 식의 말이다. (이 질문을 한 부모님은 그림을 그려서는 먹고살기 힘들다는 강력한 믿음을 갖고 계신 분이었다.)

자녀와 진로에 대한 이야기를 할 때마다 암묵적으로, 명시적으로 자신의 생각을 강요하게 된다. 가족관계 속에 담긴 진로가치관은 생각보다 매우 힘이 세다. 특히 의사 결정의 권한을 어느 한 사람이 갖고 있을 경우에는 더욱 그러하다. 부모가 진로에 대한 결정권을 쥐고 있고 편향된 진로정보만을 강요하는 가족의 체계 속에서는 자녀의 진로탐색 활동은 극도로 제한되고 탐색이 이루어진다 해도 한쪽으로 편중되기가 쉽다.

진로이론에서 Super의 발달이론과 Roe의 욕구이론은 학생이 부모와 일관되게 형성하는 관계의 질이 진로인식에 영향을 준다고 본다. 가족 체제 이론은 그 관계를 가족이라는 한 체제에서 개인이 어떻게 경험하는지, 체제적 관점에서 관계를 정의한다. 이러한 접근은 관계의 질을 맥락적 관점에서 포괄적으로 이해하도록 돕는다.

진로문제로 고민하는 내담자가 가족들의 직업을 인식할 때 그 인식은 가족 구성원들의 특징과 함께 인식되기 때문에 직업에 대한 객관적 이해와 주관적 편견이 동시에 영향을 받는다. 가계도를 바탕으로 위와 같은 특징들을 탐색하는 활동은 진로상담 시에 효과적으로 활용될 수 있다. 일과 직업에 대한 가치관은 직업 선호도와 직접적인 관련이 있다. 부모는 자녀들의 진로인식에 있어 중요한 영향을 미치며 특히 자녀들의 역할 모델로서 결정적 영향을 준다(Wahl & Blackhurst, 2000). 따라서 내담자들이 좋아하는 직업을 탐색할 때 그들의 인식과 결정에 영향을 준 가족적 요인들이 무엇인지 탐색하는 것은 중요한 절차이다.

가계도를 내담자와의 진로상담에 활용하는 접근은 Okiishi(1987)가 최초로 소개하였다. 이후 몇몇 저자들이 진로상담의 한 기법으로 가능성을 제시하였고 최근에 발표된 일련의 연구들은 이 방법을 효과적인 상담 기법으로 제시하였다(Brown & Brooks, 1991; Penik, 2000; Sharf 2005).

가계도를 통한 진로탐색에서는 가족이 일과 직업에 대해 어떤 기대와 가치관을 가지고 있는지가 진로상담에서 매우 중요하다. Gottfredson(2002)은 내담자가 진로인식을 계발하고 진로를 결정하는 과정에서 그들을 둘러싼 주변인의 기대와 인식, 그리고 주변 환경의 문화적 요소가 결정적인 역할을 한다고 보았다. 가족 구성원들이 자신들의 직업에 대해, 또는 다른 직업들에 대해서 어떤 생각을 가지는가는 가족들 간의 상호작용 속에서 교류되며 내담자는 그 과정 속에서 영향을 받게 된다. 가족들의 직업 가계도를 그리며 가족의 일과 가치관을 묻는 일련의 질문들은 내담자의 진로인식에 영향을 주었을 만한 가족들의 일과 직업에 대한 인식을 탐색하도록 돕는다.

이러한 체계론적 접근은 최근 들어 진로이론의 생태학적 접근으로 많이 소개되었다. 2009년 국제워크숍에서 뵈었던 진로상담의 대가이신 미쥬리 대학의 헤프너 교수님도 이러한 생태학적 접근의 이론가인데, 우리가 환경 속에서 어떠한 영향을 받는지를 예민하게 평가할 것을 당부하였다. 이러한 이론적 모델을 거슬러 올라가면 가족치료의 선구자들을 만나게 된다. 그들은 인간이 사회적 맥락의 산물이라는 점을 인정하였다. 우리의 행동이 가정 내에서 발생하는 일들로부터 영향을 받는 것은 사실이기 때문이다. 무엇이 아내로 하여금 자기 삶은 제쳐두고 자녀의 삶에 몰두하게 만드는가? 가족들의 기대 속에서 특히 선망의 직업으로 등장하는 직업은 무엇인가? 터부시되는 직업은 무엇인가? 갈등을 일으키고 있는 가족들이 생각하는 직업의 가치관은 구성원 각자에게 어떻게 다르게 작용하는가?

머레이 보웬은 확대된 가족관계의 망을 통해 가족의 문제에 대한 답을 찾으려 한 학자이다. 보웬 학파의 치료는 가족이 당면한 문제를 정확히 사정(assessment)하는 것으로부터 시작하는데 이 과정에서 특히 현재 야기되고 있는 문제의 역사가 중요하다.

보웬 학파에서는 상담 시에 가계도(genogram)를 그리는데 가계도란 보통 3세대 이상의 가족구성원과 그들의 관계를 열거한 도표이다. 특히 가족상담 분야에서 가계도는 내담자 가족의 역동과 유형을 파악하는 유용한 도구로 활용되어 왔다. 한 개인은 어린 시절 가족과의 상호작용을 통해서 최초의 사회화 과정을 경험하고 이 과정을 통해 대인관계의 기초 기술을 습득하게 되는데, 가족과의 경험을 통해 얻은 생활 방식은 그 개인이 성인이 된 후에도 삶의 중요한 생활 방식으로 자리 잡게 된다고 보았다.

가계도에는 연령, 결혼한 날짜, 사망, 지리적 위치를 표시한다. 남자는 사각형으로 표시하고, 여자는 원으로 표시하며 그 안에 나이를 적는다. 수평선은 결혼한 부부 사이를 가리키며, 선 위에 결혼한 날짜를 적는다. 수직선은 부모와 자녀의 관계를 가리킨다. 가계도가 가족 역사에 대한 정적인 그림 이상의 의미를 갖는 것은 가족 간의 갈등관계, 단절, 삼각관계를 내포하기 때문이다. 사망, 결혼, 이혼과 같은 중요 생애 사건들은 그 사건이 언제 일어났는지를 면밀히 검토할 필요가 있다. 이러한 사건은 가족 전체에 정서적 파장을 불러일으킴으로써 대화 채널이 열려 접촉이 늘거나 반대의 경우 이러한 문제가 쌓여 외려 단절을 초래할 수 있기 때문이다.

가계도에서 또 하나 주요한 정보는 가족이 거주했던 장소이다. 날짜, 관계, 주거지는 정서적 경계, 융합, 단절, 심각한 갈등, 개방의 정도, 가족의 현재 및 앞으로 맺게 될 관계의 수 등을 탐색하는 틀이 된다. 마지막으로 가족 구성원들 사이에 연결된 선은 그들 사이의 관계를 드러낸다. 세 줄로 된 선은 지극히 가까운 관계(또는 융합된), 지그재그로 된 선은 갈등, 점선은 정서적 거리, 마지막으로 중간에 단절된 선은 관계가 소원하거나 단절된 것을 나타내는 데 사용된다. 상담사가 가족의 역사를 제대로 파악하지 못하면 가족이 처한 문제를 통찰할 수 있는 연결고리를 간과하기 쉽다. 특히 관심을 가져야 할 점은 현재 가족이 겪고 있는 스트레스와 여기에 대한 대처 방법이다. 이러한 정보는 가족이 겪고 있는 만성적 불안의 강도를 평가하고, 이것이 가족의 어려운 생활 사건에 과중한 부담을 주거나 제대로 적응하지 못하게 하는 것은 아닌지 평가하는 데 도움을 준다.

가계도를 통해 가족의 정보를 수집할 때, 상담사는 가계에서 어떤 사람이 현재 평가 대상의 가족에게 가장 많이 연루되어 있는지 규명해야 한다. 그러나 이에 못지 않게 중요한 것은 누가 관여되지 않았는가 하는 점이다. 왜냐하면 접촉이 단절된 사람도 접촉을 유지하고 있는 사람보다 더 큰 불안의 원천이 될 수 있기 때문이다. 이러한 가족체계 이론은 개인에게 미치는 부모의 영향을 체제이론에 바탕을 두어 설명한다(Gladding, 2006). 이 이론에 따르면 개인의 행동은 개인을 둘러싼 가족 구성원의 의사소통 방식, 상호작용의 패턴, 심리적 거리감, 구성원의 독립심, 구성원 간의 일체감 등으로 구성된 체제적 특징과 밀접한 관련이 있다고 본다.

한국사회에서 자녀의 진로에 부모의 개입은 강력하다. 얼마 전 큰 반향을 일으킨 대한민국 상위 0.1% 사모님들의 교육열을 다룬 드라마를 보더라도 자녀에게 거는 부모의 기대가 사회인식 저변에 깔려 있기에 소재로 다루어질 수 있었을 것이다. 사회적으로 승인되는 직업을 가족 내에서 얼마나 동의하는가는 진로문제에 큰 영향을 미치는데, 이러한 현실에서 초래되는 가장 큰 문제는 자기 자신의 이해보다는 타인의 기대가 앞서기 쉽다는 점이다. 진로상담은 가족관계의 역동과 상호작용을 통한 포괄적인 시야를 겸비해야 할 필요가 있다.

내가 왜 이 일을 하고 있는가?

혹시 가족의 압력을 과도하게 받은 것은 아닌가? 내 의견이었나?

내 의견을 가장한 타인의 의견이 아니었을까?

이런 탐색은 고통스럽지만 의미가 있다.

우리는 맥락 속의 개인이기 때문이다.

일 잘하기로 소문이 난 소영 씨는 상사들에게서도 인정을 받았고 동료들 사이에서도 신임이 두터웠다. 정확한 기억력이 소유자인 소영 씨는 누군가 부탁한 일이 있으면 단 한 번도 실수를 하지 않고 빈틈없이 필요한 서류를 준비해두었다. 정작 지시를 내린 상사가 '어! 내가 그런 요청을 했었나?' 하고 당황할 정도로 알아서 미리 준비하는 유능한 사원이었다. 해당 부서에서도 칭찬이 자자했고 관리자들도 소영 씨를 눈여겨보았으며 앞으로 회사를 위해 큰일을 해줄 사원으로 일찌감치 점찍어둔 상태였다. 야무진 업무 처리 능력과 늘 웃고 있는 얼굴, 매사 적극적인 소영 씨를 회사의 모든 사람들이 필요로 했고 신임하였다.

그런데 최근 한 달간 소영 씨는 회사에서 거의 말을 하지 않고 웃음기도 보이지 않는다. 표정도 어둡고 선배들의 농담이나 점심을 먹자는 동료들의 제안에도 응하지 않았다. 갑작스레 달라진 소영 씨의 태도에 당황한 것은 회사 동료들이었다. 그동안 보아왔던 그녀와 180도 달라진 태도에 직장에 있는 많은 사람들은 어쩔 줄 몰라 했다. 무슨 일이 있느냐 물어보아도 대답을 회피할 뿐 제대로 말을 하지 않았다. 동료들은 눈치를 보기 시작했고 상사들도 그런 소영 씨를 어려워하게 되었다. 갑작스럽게 돌변한 속내가 무엇인지 터놓고 이야기를 하지도 않았다. 가까웠던 사람들도 소영 씨를 조심스러워하게 되었고 친밀했던 사람들이 슬슬 거리를 두는 일도 생겨났다.

이 상황이 가장 견디기 힘든 것은 다름 아닌 소영 씨였다. 소영 씨는 지난 한 달 동안 회사생활을 버티는 게 너무 힘들었다는 이야기를 하였다. 어떤 큰일이라도 있었던 걸까? 나도 궁금하였지만 그녀가 자연스럽게 이야기를 꺼냈으면 하고 짐짓 시간을 두고 기다렸다.

소영 씨가 회사에 들어와 처음으로 추진하게 된 사업이 하나 있었다. 기획부터 예산까지 모두 그녀의 손을 거쳐 갔고 결제를 받아 사업을 추진했다. 회사 측에서 보면 기회를 주고 능력을 보기 위한 시험이었을 수도 있고, 이제는 작은 사업 하나쯤 맡겨도 좋겠다는 믿음이었을 수도 있다. 처음으로 주어진 권한에 소영 씨는 매우 긴장했고, 실수 없이 완벽하게 수행하여 공을 세우겠다는 각오도 있었다. 동료들이 모두 퇴근한 뒤에도 거의 매일같이 야근을 하며 완벽한 업무 수행을 위해 애썼지만 마케팅을 담당했던 외주 업체와의 의사소통 문제로 회사 측에 컴플

레인이 발생했고, 윗선의 상사가 나서서 해결하게 되는 사태가 벌어졌다. 소영 씨는 그 사이에서 속수무책으로 결론이 나기만을 기다려야 했다. 일 잘한다는 이야기를 듣던 사람인데 회사에 도움이 되기는커녕 민폐를 끼친 것 같아 견딜 수가 없었다.

직장생활을 하다 보면 크고 작은 실수들이 생기기 마련이고 그런 과정을 통해 성장하는 것이지만 소영 씨는 자신에게 그런 일이 발생했다는 것을 인정할 수 없었다. 칭찬 좀 듣는답시고 잘난 척하더니 꼴 좋다고, 모두가 뒤에서 수근대며 자신을 욕할 것 같다는 생각과 상사들도 이제는 자기를 더 이상 예뻐하지 않을 것 같다는 생각에 괴로웠다. 급기야 회사를 그만두어야겠다고 생각을 하게 되었다. 소영 씨는 어떻게 상사에게 퇴사하겠다는 말을 해야 할까를 고민하고 있었다.

소영 씨의 이런 사고 패턴은 직업생활에 장애물이 될 수 있다. 우리는 대개 현상 그 자체보다는 그 현상을 어떻게 바라보는가에 따라 고통받을 수 있기 때문이다. 이러한 사고 패턴은 주로 인지행동치료에서 자주 소개되는데, 대표적인 것이 A(감정유발사건)-B(신념)-C(정서적, 행동적 결과)모형이다.

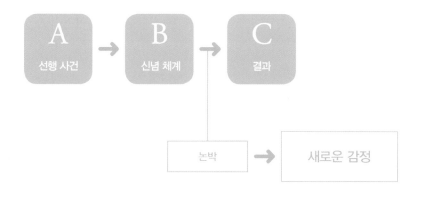

○ **Activation events**(선행 사건)

우리가 일상적으로 경험하는 사건, 도전 과제, 혹은 역경.

○ **Belief**(신념)

선행 사건에 의해 유발되는 기본적인 인지적 과정. 사건과 상황에 따른 이미지에 개인적 신념이 포함된다.

○ **Consequences**(결과)

정서적 혹은 행동적 결과로 신념에 의해 유발된다.

어떤 생각(신념)을 갖는가에 따라서 긍정적 정서가 유발되기도 하고 부정적 정서가 유발되기도 한다. 혹은 긍정적 행동이 따라오거나 부정적 행동이 초래된다. 특히 이러한 신념에는 우리에게 전혀 도움이 되지 않는 비합리적인 신념들이 영향을 미친다. 다음과 같은 것들이다.

○ 흑백 사고: 전부 아니면 전무. 극단적이고 부정적 정서와 행동을 낳을 수 있는 극단적 사고이다. 예를 들어 취업을 하지 못한다면 살 가치가 없다거나 승진하지 못하면 낙오자라고 생각하는 경우.

→ 현실적이고 융통성 있는 사고 과정에 참여하여 극단적 선택지 사이에 대처할 수 있는 다양한 대안을 고려할 수 있도록 격려한다.

○ 점쟁이 예언: 미래에 무슨 일이 일어날지 부정적으로 예측하려는 경향이다. 부정적 예측 때문에 실제로 할 수 있는 일임에도 두려움에 휩싸여 실패를 초래할 수 있다.

→ 위험 요소를 점검해보고 불확실성에 대한 인내심을 개발하도록 돕는다.

○ 독심술: 다른 사람들이 어떻게 생각하는지에 대해서, 또는 타인의 동기에 대해서 매우 부정적으로 가정하고 해석하는 태도이다.

→ 나의 생각이 맞는지 직접 확인해보거나(질문하거나) 주변의 의견을 들어보도록 한다.

○ 감정적 추론: 감정에 지나치게 초점을 맞추게 되어 무슨 일이 일어나진 않을지 걱정하며 미리 해석하는 태도이다. 발표를 하려고 할 때 느껴지는 불안감에 지나치게 압도되어 과도하게 집중하게 되고 무엇인가 잘못되어가고 있다는 증거를 찾으려고 노력하면서 사태를 불안하게 몰고 간다.

→ 감정과 합리적 사고가 균형을 잡을 수 있도록 개입한다.

◦ 과잉 일반화: 하나, 혹은 소수의 사건에서 전체적인 결론을 내리는 경향이다. 예를 들어 판매직을 통해 매출 압박을 받아온 경험을 일반화하여 모든 직장은 이런 식으로 사람들을 경쟁시키고 스트레스를 주는 곳이라고 결론을 내리게 되어 직업적 선택을 제한하게 된다.

→ 결론을 잠시 보류하고 대안적 증거를 모색해봄으로써 다른 관점을 취하도록 조력한다.

◦ 낙인찍기: 자기 자신이나 사람들을 부정적으로 제한하는 방식으로 등급을 나누려는 경향이 있고 자신과 타인에 대한 비하를 자주 표현한다.

→ 자기 자신에게 호의적인 언어를 사용할 수 있도록 돕고 자기존중감을 높일 수 있도록 조력한다.

◦ 강박적 부담: 매우 엄격한 기준으로 '반드시 ~해야 한다'는 말을 자주 사용한다. 무슨 일이 있어도 이 시험에 꼭 합격해야 한다거나 반드시 이 직장에 입사해야 한다는 등의 제한된 관점은 바라던 결과를 얻지 못했을 때 불안이나 패배감을 야기할 수 있다.

→ 강박적 부담에 대한 보완책으로 나는 ~하기를 선호한다. 바란다. 더 원한다 등으로 언어를 융통성 있게 활용하도록 조력하고 대안적 선택도 가치 있음을 촉진한다.

◦ 정신적 여과/장점 무시하기: 부정적 정보만을 여과하는 정보 처리 방식으로, 사고하며 부정적 증거를 찾는 데 몰두한다. 정신적 여과는 매

우 은밀하고 점진적으로 진행되는 과정이기 때문에 주의 깊게 관찰할 필요가 있으며 부정적 자료가 점점 증가하면 결국 자신에게 도움이 되지 않는 부정적 신념을 발달시킨다.

→ 긍정적 증거를 모으도록 격려하고 사소하지만 특정한 사례나 반대의 경우를 들어 사고 패턴을 재교육하는 것이 필요하다.

◦ 욕구 좌절에 대한 낮은 인내력: 목표를 추구하는 과정에서 필연적으로 수반되는 불쾌감이나 고통스런 반복, 지루한 과정 등을 참을 수 없다고 생각하는 경향이다.

→ 장기간의 성취를 위해 수반되는 단기간의 불쾌감을 견디지 못하게 되는 것은 성취를 방해하는 걸림돌이라는 것을 확인하고 자신의 인내력을 기를 수 있는 가치, 목적 등을 탐색하고 작은 성과에 강화를 함으로써 가시적인 보상이나 심리적 보상을 상징하는 은유 등을 활용한다.

◦ 개인화: 자신과 무관한 일임에도 불구하고 자신과 직접적으로 관련이 있다고 생각하는 경향이다. 이런 경우에는 과도한 책임을 떠맡게 되고 불필요한 죄책감을 느껴 부자연스런 태도를 취하게 된다.

→ 모든 일이 나와 관련 있다고 생각하는 것은 아닌지 스스로에게 질문해보고 상황을 객관적으로 보려고 노력한다.

진로상담에서는 위와 같은 비합리적인 신념들을 종종 만나게 된다. 비합리적인 신념이 경직될수록 불안감도 높아지고 예외적인 사건이 일어나면 크게 흔들리고 무너진다. 소영 씨같이 유능한 사원이 잘못된 생각의 연쇄고리 때문에 퇴사를 고민하는 것은 적절치 못하지만, 완벽주의자이며 자신에 대한 기대치가 높아 소영 씨는 과도하게 압박감을 느끼고 있는 것이다.

상담실에 찾아온 한 여학생은 면접장에서 충격을 받아 면접 트라우마에 걸렸다는 이야기를 하면서 굉장히 힘들어했다. 열심히 준비해서 면접을 보러 갔는데 옆자리에 앉은 사람에게만 질문을 하고 자신에게는 형식적으로 두어 개의 질문만 해서 몹시 자존심이 상했고 기분이 나빴다는 것이었다. 기분이 나쁜 것은 이해가 되었지만 그 다음 이야기는 동의하기가 어려웠다. 그 여학생이 말하기를, '저는 사람들이 싫어하는 타입인가 봐요'라고 하며 면접을 보러 가는 것이 두렵다는 말을 하였다. 그 면접장에서 어떤 일이 있었는지 듣는 나로서는 확인할 길도 없고 그 면접관들이 어떤 스타일의 사람을 선발하고자 했는지 알 수 없지만 면접 탈락이라는 이유만으로 '사람들이 싫어하는 타입'이라는 확대해석은 지나친 감이 없지 않았다. 무엇보다 내가 만나본 그 친구는 사랑스럽기 그지없는 성실한 학생이었기 때문이다.

우리의 생각은 우리를 옭아매기도 하고 자유롭게도 한다. 자신의 생각을 한발쯤 떨어져서 다시 바라보고 다양한 각도에서 생각해보는 것이 때때로 큰 도움이 될 수 있을 것이다.

나를 보는
객관적
지표

심리검사는 진로상담 중 사용하는 중요한 도구이다. 꼭 진로상담이 아니더라도 자기 자신에 대해서 높은 이해를 하고 있다는 것은 일상의 의사 결정에 있어서도 도움이 될 것이다. 최근에는 다양한 환경 속에 놓인 사람들이 자기를 알기 위해 고군분투한다. 그 방법 중 하나로 심리검사는 재미도 있고 유익하기도 하여 많은 이들이 좋아하고 상담 시에도 자주 활용된다. 적절한 시기에 행해지는 적합한 검사는 자기 자신을 돌아보는 데 분명 도움을 줄 수 있다. 짧은 시간 동안 내담자를 이해해야 하는 상담사들에게도 검사는 유용한 정보를 주기 때문에 진로상담에서도 검사는 중요하게 다루어진다.

Anastasi(1993)는 심리검사를 "행동표본에 대한 객관적이고 표준화된 측정 도구이다"라고 정의하였다. 여기서 '행동표본'이란 대상의 행동 일부(sample)를 관찰하여 추정하는 것이다. 예를 들어 지능검사의 경우

50분이라는 주어진 시간 안에 문제를 푸는 행동의 표본을 통하여 추상적 능력의 정도를 추리하게 된다. 행동표본을 측정하는 이유는 심리검사가 측정하려는 속성과 관련된 모든 행동을 측정하는 것이 현실적으로 불가능하기 때문이다.

주의해야 할 점은 검사에서 측정하려는 행동표본이 얼마나 전체 행동을 잘 대표하는지 여부이다. 또한 '객관적'이라는 것은 모든 사람에게 같은 규칙을 적용하여 채점한다는 것이다. 피검자들이(검사를 받는 사람들을 일컫는 용어) 동일한 반응을 했어도 채점 규칙이 명확치 않아 실시할 때마다 점수 차이가 난다면 그 검사는 올바른 검사라고 할 수 없다. 지능검사와 같이 대부분의 심리검사는 객관적인 채점 규칙이 있다. 따라서 한 개인의 반응을 여러 사람이 채점하더라도 동일한 점수가 계산된다. 심리검사에서 특히 중요한 '표준화'란 검사를 실시하고 채점할 때 절차의 단일성을 의미한다. 검사 실시에 주어지는 시간, 검사가 실시되는 장소의 환경적인 조건, 즉 소음, 조명, 습도, 온도, 검사 반응의 요령에 대한 설명 등이 모든 사람에게 동일하게 적용되어야 함을 의미한다.

이어서 '측정'이란 주어진 특성을 질적으로 분류하거나 수량화하는 과정을 가리킨다. 그런데 주어진 특성이 키와 몸무게같이 물리적 속성이라면 직접 측정할 수 있지만 내향성, 외향성과 같은 심리적 속성일 경우 직접적으로 측정할 수 없다. 따라서 물리적 속성과 구별하여 심리적 속성을 구성개념(construct)이라고 부른다. 구성개념은 인간의 행동을 설명하기 위한 이론으로 가정하는 추상적이고 가설적인 개념이라고 할 수 있다. 예를 들어 초등학교 아이들을 대상으로 '협동성'이라는 속성을 측정하려고 할 때, 어떤 아이가 일정 시간 동안 보인 행동, 즉 '협동성'과 관련된 행동을 정의하고 그와 관련된 행동의 수행 횟수 등을 세어 숫자로 표시한다. 숫자로 표시된 값을 일정한 규칙에 따라 점수화하면 그 아이가 어느 정도의 협동적인 속성을 가지고 있는지를 간접적으로 나타낼 수 있다.

진로상담에서도 자주 표준화된 도구를 사용하여 진로 관련 검사를 하게 되는데, 교육 및 직업 준비의 좁은 의미의 진로지도(Career Guidance)에서 인간의 삶 모든 국면에 개입하는 문제에 이르기까지 심리검사는 널리 사용될 수 있다. 정서적 안녕과 대인관계 개선 등의 문제는 상담의 중요한 목표이며, 또한 자기에 대한 이해와 개인 성장을 돕기 위해 검사를 이용하는 경우도 점점 많아지고 있기 때문에 검사 점수는 나름대로의 독자적인 의사 결정 과정에 도움을 주는 하나의 보조 자료로서 개인에 관한 정보의 일부가 된다.

심리검사는 내담자가 호소하는 문제를 돕는 데 해당 검사가 필요하다는 확신이 있을 때 상담사와 내담자가 서로 상의하여 선택하고 실시하게 된다. 일반적으로 심리검사는 내적인 심리적 속성이나 특징을 진단하는 기능을 수행하며, 검사의 결과를 통해 향후 행동 또는 성과를 예측할 수 있다. 즉 심리검사를 이용해서 사람들의 향후 행동이나 성과의 차이를 예측해낼 수 있다.

심리검사는 짧은 시간에 효과적인 정보를 얻을 수 있고 대화나 관찰만으로 알기 어려운 다양한 일면에 대한 정보를 제공하기 때문에 대학생들이 취업을 하기 위해 치르게 되는 각 기업별 인적성검사도 이런 류에 포함될 수 있다. 기업 입장에서는 직무에 적합한 성격이나 태도를 가졌으며 조직의 인재상에 적합한지, 개개인의 성과를 예측하기 위한 검사 도구를 활용하게 되는 것이다. 심리검사는 목적에 맞게 사용되어야 하기에 진로상담 시에도 그 목적에 맞게 흥미검사, 성격검사, 적성검사, 가치관검사 등 타당한 검사를 골라 용도에 맞게 사용한다.

심리검사를 선택할 시 검사자의 입장에서는 소요되는 시간과 검사의 비용, 검사지 재사용 여부, 채점 방식, 해석 시간, 컴퓨터 채점 시 소요 경비 등 현실적인 부분도 고려해야 한다. 먼저 다양한 심리검사의 종류에 대해 간단히 설명하자면 몇 가지 기준을 적용해서 분류할 수 있다. 검사를 실시하는 방식을 기준으로 분류할 수도 있고, 검사가 측정하는 내용에 따라 분류할 수도 있다.

1. 검사의 실시 방식에 따른 분류

◦ 속도검사와 역량검사

실시 시간을 기준으로 하는 분류이다. 속도검사(speed test)는 시간 제한을 두는 검사이며 보통 쉬운 문제로 구성하는 것이 일반적이다. 즉, 속도검사는 숙련도를 측정하는 것으로, 문항의 난이도 면에서는 쉬운 편이지만 문항 수가 많고 주어진 시간이 제한되어 있어서 시간 안에 다 풀 수 없게 구성되어 있다. 따라서 피검자는 답을 몰라서 문제를 다 풀지 못하는 것이 아니고 시간이 부족해서 다 풀지 못하게 된다. 일상생활에서 우리가 해내야 하는 과제들도 모두 시간 제한이 있는 경우가 많다. 속도검사는 이렇듯 제한된 시간 내의 수행능력을 측정하는 것으로, 문제해결력보다는 숙련도를 측정하는 것이라고 볼 수 있다.

이에 비하면 역량검사(power test)는 어려운 문제들로 구성되며, 사실상 시간 제한이 없어서 숙련도보다는 궁극적인 문제해결력을 측정하는 검사이다. 예를 들어 수학경시대회의 문제처럼 시간이 부족해서 못 푸는 게 아니라 문제의 답을 몰라서 못 푸는 문제들로 구성되어 있다.

○ 개인검사와 집단검사

한 번에 실시할 수 있는 피검자의 수에 따른 분류이다. 개인검사는 한 사람씩 해야 하는 검사를 말하는 것으로 한국판 웩슬러 지능검사(K-WAIS), 일반 적성검사(GATB)나 개인적으로 검사하여 심층적 의미를 파악해야 하는 대표적인 투사검사인 로샤검사, 주제통각검사(TAT)등이 그 예이다. 개인검사는 상담전문가나 임상심리학자, 정신과 의사, 학교의 상담교사처럼 한 사람의 피검자에게 1:1로 검사를 해서 심층적 연구를 하고자 하는 용도로 사용한다.

집단검사는 한 번에 여러 명에게 실시할 수 있는 검사로, 미네소타 다면적 인성검사(MMPI), 캘리포니아 심리검사(CPI), 미 육군 알파검사와 베타검사 등이 그 예이다. 집단검사는 선다형이며 보통 컴퓨터로 한꺼번에 객관적으로 채점한다.

◦ 지필검사와 수행검사

검사의 도구에 따른 분류이다. 지필검사는 말 그대로 종이에 인쇄된 문항에 연필로 응답하는 방식이다. 따라서 물리적 조작이나 신체 행동이 필요치 않다. 지필검사는 가장 일반적인 방식이며, 대표적인 예로는 운전면허의 필기시험, 각종 자기보고 항목표(Self-report inventory)와 질문지 및 검사(문장완성검사, mmpi, cpi) 등이 있다.

수행검사(performance test)는 수검자가 대상이나 도구를 직접 다루어야 하는 검사인데, 주로 일상생활과 유사한 상황에서 직접 행동해보도록 하는 방식이다. 대표적인 예로는 운전면허의 주행검사, 한국판 웩슬러 지능검사의 동작성검사(차례 맞추기, 모양 맞추기 등)가 있고, 기업에서 사용하는 평가센터법도 수행검사이다.

2. 내용에 따른 분류

다음으로 심리검사는 그 측정 내용에 따라 인지적검사(cognitive test)와 정서적검사(affective test)로 대별된다. 인지적검사는 인지 능력을 평가하기 위한 검사로서 기능검사, 적성검사, 성취도검사 등이 여기에 속한다. 인지적검사는 인간의 모든 능력이 아닌 일부 능력만을 측정하는 것으로 능력검사라고도 한다.

이에 비해 정서적검사는 비인지 검사이며, 인간의 인지능력 이외의 정서, 동기, 흥미, 태도, 가치관 등을 재는 검사이다. 정서적검사는 인지적검사와 달리 정답이 없기 때문에 '~검사'라고 부르기보다는 '~

목록', 또는 '항목표(inventory)'라고 부르기도 한다. 그러나 우리나라에서는 대부분 구분하지 않고 대체로 '검사'로 부르는 경우가 많다. 예를 들어 'MMPI'를 '미네소타 다면적 인성검사'라고 부르지만, 원래 이름은 'Minnesota Multiphase Personality Inventory'로서 검사라는 용어를 사용하지 않고 있다.

인지적검사와 정서적검사는 많은 차이가 있다. 인지적검사는 능력검사라고도 하며, 일반적으로 문항의 정답이 있고 시간 제한이 엄격하게 적용되는 반면에 정서적검사는 정답이 없는 문항으로 이루어지며, 응답 시간을 제한하지 않는 것이 일반적이다. 또한 인지적검사는 피검자가 자신이 능력을 최대한 발휘할 것을 요구하기 때문에 극대수행검사라고도 하는 반면에, 정서적검사는 자신의 가장 습관적인 행동을 선택하도록 한다는 면에서 습관적수행검사라고도 한다. 두 종류의 검사가 정확도를 높이기 위해서는 인지적검사의 경우 피검사자 자신의 능력을 최대한 발휘해서 응답하는 것이 중요하며, 정서적검사의 경우는 자신을 최대한 정직하게 드러내는 것이 중요하다.

인간을 깊이 있게 이해하기 위해 실시되는 심리검사는 자연과학의 측정과 같이 과학적인 엄밀성과 정확성을 '이상적 목표'로 하고 있다. 그러나 이는 어디까지나 이상적 목표일 수밖에 없다. 왜냐하면 심리검사에서의 측정은 인간의 내적인 정신기능 내지 행동을 대상으로 하고 있기 때문이다. 이처럼 심리검사에서의 측정이 어려운 이유는 다음과 같다.

◦ 측정 대상의 불명확

인간의 태도 가운데 특히 고등 정신 작용에 속하는 사고력, 응용력, 비판력, 종합력 내지 정의적 영역에 속하는 감상력, 창의력, 가치관 등은 파악하기가 어려우며 정확히 측정할 수 없는 불분명한 대상이다.

◦ 측정 방법의 불분명

심리적인 문제를 측정하는 것은 신장이나 체중을 측정하는 것처럼 측정 방법상의 문제가 간단하지 않다. 즉 여러 가지 심리적인 특성들을 측정하기 위해서는 과연 어떤 측정 도구를 사용할 것인지 선택이 어렵다.

◦ 간접적인 측정

건물의 높이나 장대의 길이를 측정하기 위해서는 건물의 옥상에 올라가서 줄자를 늘어뜨려 재거나 막대에 직접 자를 가져다 대보면 된다. 그러나 사람이 얼마만큼 우수한 사고력을 가지고 있으며, 어디에 흥미가 있는가에 대한 측정은 우리들의 눈에 직접 보이지 않고 다만 그것이 작용한 여러 가지 흔적을 수집하고 이를 관찰 측정하여 간접적으로 미루어 볼 수밖에 없다.

◦ 수량화의 위험성

심리 측정은 본질적으로 인간 행동의 증거를 수량화하는 방법이다. 그러나 불분명한 대상에 대한 간접적인 측정 결과에 숫자를 부여하는 일은 그리 간단하지가 않다. 그렇기에 좋은 검사 도구를 활용하여야 하고 그 한계도 잘 인지하고 있어야 한다. 좋은 검사 도구가 갖추어야 할 기본적인 조건에는 타당도, 신뢰도, 객관도 등이 포함된다.

타당도란 특정의 개인 또는 집단에 관하여 그 도구가 평가하고자 계획하고 있는 평가 목표를 놓치지 않고 명확하게 잴 수 있는 성질을 의미한다. 즉 이 검사가 실제 무엇을 재고 있는가, 우리의 목적을 위해서 얼마나 적합하게 이용될 수 있는가, 또 능력, 성질, 특성을 어느 정도로 재고 있는가 하는 질문들이 모두 타당도에 관련된다. 즉 '목적'이라는 개념과 밀접하게 관련된다.

신뢰도는 검사하려는 것을 '어떻게' 정확히 측정하고 있느냐를 문제 삼는 것이다. 따라서 신뢰도는 일관성, 예측성, 정확성 등과 동의어로 볼 수 있다. 신뢰도 계수를 산출하는 방법으로는 검사-재검사 신뢰도, 동형검사 신뢰도, 반분 신뢰도, 문항 내적 합치도 등이 있다.

객관도란 측정의 결과에 대해 여러 검사자나 채점자가 어느 정도로 일치된 평가를 하느냐의 정도를 의미한다. 여러 채점자가 자기의 편견, 의견, 감정을 완전히 제거하고 채점을 하게 되면 이는 객관성을 기하는 것이라고 할 수 있다.

만약 심리검사를 활용한다면 다음과 같은 내용을 특히 유념할 필요가 있다. 이 검사가 과연 필요한가에 대해 스스로에게 질문해보는 것이다. 상담사 자신을 위한 검사가 되지는 않는지 성찰적으로 돌아보아야 한다. 특히 검사의 요강을 정확히 이해하고 있는지 엄밀한 태도를 갖출 필요가 있다. 자신의 수련 과정과 전문성에 대해서 확신할 수 있는 정도의 공부와 단계에서, 활용할 수 있는 범위의 검사를 선택하는 윤리성이 필요하다.

타당도나 신뢰도가 갖추어지지 않은 검사를 활용하거나 전문성을 갖추지 못한 상태에서 검사를 실시하고 그 결과를 통해 타인을 파악할 수 있다는 오만한 태도만큼 무례한 행위는 없다고 생각한다. 그리고 검사 전 상담사는 피검자와의 관계 형성에도 주의를 기울어야 한다. 처음 보는 내담자에게 진로 관련 심리검사부터 하겠다고 종이를 펼치고 체크부터 해보라고 하는 것 역시 좋지 않다. 내담자보다 정보의 우위에 있고 싶어 하는 상담사가 저지르는 폭력적 태도라고 생각한다. 이와 같은 사람은 슈퍼비전을 받고 자신을 돌아보는 과정이 반드시 필요하다. 심리검사는 객관적 자료에 대한 필요성을 느끼는 경우 실시하며 상담 시에는 전문적인 지식에 의해서 필요한 검사를 선정하여 실시해야 할 것을 다시 한 번 당부한다.

물론 검사 실시 환경도 고려하여서 의자 배치와 조명, 환기 상태 등에도 주의를 기울인다. 쾌적한 장소에서 편안한 마음으로 이루어져야만 내담자에게 도움이 될 수 있는 건 지극히 당연한 이야기이다. 또 심리검사에 참여하는 상담자 또한 적극적으로 참여해야 할 것이다. 심리검사는 상담자가 특정 검사의 본질과 목적을 배우게 될 때 검사 결과로부터 더욱더 많은 것을 얻을 수 있게 되기 때문이다.

끝으로 결과 해석에서 유의해야 할 사항은 많지만 검사결과는 절대적인 것이 아니라는 점을 명심할 필요가 있다. 심리검사는 내담자를 이해하는 하나의 도구일 뿐이지 단정 짓기 위함이 아니라는 것을 잊어서는 안 된다. 내담자 역시 심리검사에서 도출되는 결과를 맹신하며 자신을 그에 끼워 맞출 필요는 없다. 인간은 결과지 위에 적힌 숫자보다 훨씬 복잡하고 위대한 존재라는 사실을 꼭 기억했으면 좋겠다. 검사를 잘 사용한다면 자신에 대해 많은 것을 알 수 있다. 만약 검사를 활용하지 않았더라면 발견되지 않았을 미지의 자신을 발견하는 가능성을 제시하는 것이 심리검사가 주는 또 다른 선물이다.

　　진로상담의 주요 활동 영역 중 하나인 진로정보 수집 및
정보 제공 활동은 진로상담에서 내담자가 장래 계획이나 의사 결정을
할 때 자신을 둘러싼 환경을 이해하도록 돕기 위해 필요한 사실과 자료
를 수집해서 제공해주는 활동을 의미한다.

　　진로정보의 목적은 크게 교육적 목적과 동기부여를 위한 것으로 구
분할 수 있는데, 교육 목적은 구체적인 정보를 제공하고 정보를 확장시
키며 혹시 잘못된 정보가 있다면 수정할 기회를 준다. 예컨대 진학 정
보는 교육 제도 및 정책에 관한 정보, 각 급 학교·학과 정보, 교육 과
정 및 교과 활동에 관한 자료, 학습 프로그램을 위한 정보, 특정한 교과
의 학습 요령 및 기타 교육활동에 관련된 정보를 제공할 수 있다. 또한
직업·취업 정보는 직업·직무, 취업에 관한 타당하고 유용한 자료로서
인력 수급에 관한 고용 동향 정보, 산업 발전 및 구조 변화에 관한 정보,

직업의 분류와 직종에 관한 정보, 각종 직업별 직무 정보 및 취업 정보나 자격증 정보, 교육 훈련 정보 등을 제공한다.

정확한 정보를 제공하고 정보의 양을 확장시키는 것도 의사 결정을 돕는 중요한 과정이다. 진로정보는 정보를 제공함으로써 내담자를 자극하고 도전하도록 하며, 확신을 주기 위해 사용된다. 아마도 진로상담에서 가장 큰 도전은 동기부여가 되는 방식으로 정보를 사용하는 방법을 배우는 것이다. 진로정보 역시 심리검사의 실시와 마찬가지로 어떠한 이유로 제공되어야 하는가와 언제 제공되어야 하는가, 어느 정도 제공되어야 하는가 같은 것이 민감하고 중요한 사항이다. 정보 그 자체만으로는 동기부여가 되지 않지만 적당한 시점에 제공되는 정보는 진로계획 과정에 큰 효과를 가져올 수 있다. 진로정보를 통해 내담자를 자극하고 내담자에게 도전을 심어준다는 것은 매우 어려운 작업이지만 상담사가 교육의 순간(teachable moment)을 알아채고 정보 제공의 시기를 잘 알면 적절한 개입을 시도할 수 있다.

진로교육과 상담에서 정보의 중요성은 매우 크다고 보는데, 그 이유는 진로에 관한 의사 결정이 모든 과정에서 진로정보를 활용하는 것이 중요하기 때문이다. 진로정보는 정보를 탐색하는 단계나 제공된 정보를 활용하여 자신의 진로의사 결정 과정에 적용해나가는 상호작용, 그리고 구체적인 실천 계획을 세우는 실행 단계 모두에 관여된다. 따라서 진로정보를 제공할 때에는 정보의 요구도를 명확히 하고, 최신의 정확한 자료가 제공될 수 있게 하여야 한다. 이 과정에서 상담사는 자신의 진로정보에 대한 요구도와 수용도를 점검해볼 필요가 있다.

진로상담사는 거의 모든 정보원을 활용하고 자료로써 다룰 수 있어야 한다. 과거에는 주로 인쇄된 자료 위주로 진로정보가 활용되었으나 최근에는 다양한 멀티미디어와 인터넷 정보 및 영상 자료들을 사용할 수 있다. 상담사 역시 지속적으로 새로운 매체에 대한 교육과 훈련이 필요하다.

진로정보 제공 시에는

첫째, 진로정보의 수집은 사용자의 요구에 충실해야 한다.

둘째, 명확한 목표를 세운다. 누구를 위하여, 무슨 목적으로, 어디서, 어떻게, 무엇을 수집할 것인가를 명확히 해야 한다.

셋째, 계획적으로 정보를 수집한다. 진로정보원의 제공원을 파악하고 내담자의 이해도와 정보 처리 능력을 고려하여 정보를 제공한다.

넷째, 항상 최신 자료가 맞는지 확인해야 한다. 진로정보는 급속히 팽창하고, 계속적으로 증가하고 있다.

다섯째, 진로정보 수집에 필요한 도구를 사용하는 것이 필요하다.

여섯째, 활용할 장소와 목적에 따라 진로정보의 내용을 결정하고 결정한 내용과 관련된 정보의 수집에 노력해야 한다.

우리가 가장 손쉽게 활용할 수 있는 직업정보는 고용노동부와 한국고용정보원이 운영하는 구직·구인 정보와 직업·진로 정보를 제공하는 취업정보 사이트이다. PC 외에도 스마트폰, 태블릿PC 등에서 이용 가능하도록 서비스를 제공하고 있기 때문에 워크넷만 잘 사용해도 진로와 취업 분야에 대한 많은 정보를 얻을 수 있다. 자신에 대해 좀 더 알아보고 싶다면 다음과 같이 워크넷상의 진로심리검사를 활용할 수 있다.

워크넷(www.work.go.kr)

직업 · 진로-직업심리검사-심리검사 실시를 클릭

워크넷상에는 22종(성인 대상: 12종 / 청소년 대상: 10종)의 '직업심리검사'가 제공되고 있다. 검사의 소개를 읽어보면서 각 검사에서 무엇을 측정하는지, 어떤 정보를 제공하는지 확인 후 검사를 실시한다. 검사 완료 후 자신이 받은 검사 결과를 확인할 수 있다.

예컨대 '내가 좋아하는 것'이 무엇인지 궁금하다면 워크넷의 '직업선호도검사'를 해볼 수 있다. 직업선호도검사는 홀랜드(Holland)의 흥미이론에 근거해 개인의 흥미 특성을 알아보고, 흥미에 적합한 직업 분야를 추천해준다. 또한 자신이 가지고 있는 능력적인 강점을 확인하고 이에 적합한 직업 분야를 찾고 싶다면 '직업적성검사'를 통해 자신의 강점을 확인하고 그에 적합한 직업 분야를 확인할 수 있다. 흥미검사와 적성검사 등을 통해 확인한 추천목록에서 좀 더 알아보고자 하는 관심직업이 있다면 워크넷의 '한국직업정보시스템'을 통해 종사자 수, 임금, 고용현황, 향후 일자리 전망 등을 확인해보고 직업의 노동시장 현황과 미래를 살펴본다.

심리검사를 활용하지 않고 관심 있는 직업에 대한 정보를 알아보고자 한다면 워크넷의 직업 · 진로 → 직업정보 → 분류별로/지식으로/업무수행능력으로/통합 찾기를 해본다. 관심직업의 기본 정보를 키워드, 원하는 조건, 직업 분류 등을 기준으로 검색할 수 있고 이를 통해 해당 직업의 하는 일, 교육/자격/훈련, 임금/직업만족도/전망, 능력/지식/환경, 성격/흥미/가치관, 일자리 현황, 관련 직업 등에 대한 정보도 확인할 수 있다. 더불어 워크넷에는 많은 직업정보서가 있기 때문에 관심 있는 책을 읽어보는 것도 유용하다.

직업정보서는 워크넷의 직업 · 진로-자료실-직업정보서 순으로 검색한다. 대표적인 책을 몇 개 소개하자면 다음과 같다.

한국직업사전

우리나라 전체 직업에 대한 표준화된 직업명과 수행 직무 등 기초 직업 정보를 수록한 책으로, 문자 그대로 직업 총람이라 할 수 있다. 1986년부터 발간하여 2011년에는 『2012 한국직업사전』 통합본 4판을 편찬한 바 있고, 2016년에는 통합본 5판 발간을 위한 7개년 계획의 네 번째 해로서 기계 관련직, 재료 관련직 등 2개 직종에 대한 『2016 직종별 직업사전』을 발간하였다.

한국직업전망

우리나라를 대표하는 17개 분야 중 약 200개 직업에 대한 상세 정보를 수록하고 있다. 『한국직업전망』은 진로와 직업을 결정하고자 하는 청소년뿐만 아니라 일반 구직자의 직업 선택에 도움을 주고자 기획된 책이다. 주요 정보에는 하는 일, 근무환경, 교육/훈련/자격, 적성 및 흥미 등 수록 직업에 대한 정보와 향후 10년간 일자리 증감 및 변화 요인 등이 담겨 있다.

우리들의 직업 만들기

창직은 개인의 지식, 기술, 네트워크를 활용한 창조적 아이디어와 일자리 창출 활동을 통해 새로운 직업을 발굴함으로써 스스로 일자리를 만들어 노동시장에 진입하는 것이다. 창직의 개념에서부터 창직활동 시 도움을 얻을 수 있는 기관 및 지원제도, 창직성공자 인터뷰, 예비창직자의 활동기 등을 소개한 책이다.

참고:『2016 우리들의 직업 만들기』의 경우 중장년층을 대상으로 제작되었다.

경력단절 여성을 위한 도서로는 한국고용정보원이 발간한 『3050 여성을 위한 직업 정보』,『주부 재취업 도전직업 60』이 있고 중장년을 위한 도서로는『인생2막 새로운 도전』등이 있다

미래 일자리 세계의 변화

미래 일자리 세계의 변화는 한국고용정보원에서 수행한 중장기 인력 수급 전망 결과를 토대로 향후 10년간 일자리 수요와 공급 문제를 중심으로 우리 사회의 미래를 전망하는 보고서이다.

향후 10년간 우리 노동시장의 인력에 대한 수요와 공급을 전망하는

것으로, 크게 ①인력 공급 ②인력 수요 ③신규 인력 수급 차 전망(수요와 공급의 미스매치 정도)으로 구성된다.

→ 한국고용정보원(www.keis.or.kr)에서 「미래 일자리 세계」의 변화 검색

신규 입직을 준비하며 다양한 고용 정책의 홍수 속에서 자신에게 맞는 정책을 찾고 싶다면 '청년워크넷(https://www.work.go.kr/jobyoung/main.do)'을 활용해본다. 본인이 받고 싶은 서비스 유형을 체크하면 취업 진로상담을 비롯해 교육·훈련, 인턴십, 재정 지원 등 다양한 취업 지원 정책들을 확인하고 참여 신청도 할 수 있다. 특히 온라인 청년센터가 최근 오픈되어 청년을 위한 정책, 공간 지원, 상담 등 모든 것을 한곳에서 제공하고 있다.

만약 전직 지원 서비스를 이용하려면 '장년일자리 워크넷(http://www.4060job.or.kr)'을 통해 전직 지원 서비스를 신청할 수 있다. 40대 이상 중장년 퇴직(예정)자라면 종합 전직 지원 서비스를 지원하는 중장년 일자리 희망센터에 문의하는 것이 도움이 된다. 이를 통해 재취업 및 창업, 생애설계 지원, 사회참여 기회 등 다양한 정보를 얻을 수 있다. 이외에도 장년인턴제나 중장년취업 아카데미 등은 재취업을 위한 교육과 훈련을 통해 일자리로 연계될 수 있는 제도이니 적극 활용해보는 것도 나쁘지 않다.

퇴직 이후 귀농귀촌을 희망하는 경우 '귀농귀촌 종합센터(www.returnfarm.com)'

창업 관련 정보는 'K-스타트업-창업넷(http://www.k-startup.go.kr/main.do)'

우리나라 모든 자격에 관한 정보는 '큐넷(http://www.q-net.or.kr)'

국비훈련 정보나 내일배움카드제를 통한 직업훈련 정보는 'HRD넷(http://www.hrd.go.kr)'

또한 같은 고민을 가진 사람들끼리의 커뮤니티는 굉장히 도움이 된다. 정서적 지지뿐 아니라 실질적인 정보를 공유할 수 있는데 서울시 '50플러스센터'나 '노사발전재단' 등 중장년을 위한 특화된 프로그램을 갖고 운영되는 기관에 지속적으로 참여해보는 것도 좋다. 여성이라면 서울시 '여성능력개발센터'나 '새일센터', '여성과학기술인지원센터' 등 여성에게 특화된 프로그램이 있는 곳에 문의해보아도 도움이 된다. 1인 기업가를 꿈꾼다면 1인 기업가로 먼저 시작한 사람들의 책을 읽어보거나 관련된 모임에 참여해보길 바란다.

진로정보는 사실 우리가 활용할 수 있는 온라인과 오프라인의 모든 자료를 의미한다. 어디서부터 어디까지가 진로정보라고 할 수 없을 만큼 무궁무진하다. 관심 있는 분야의 세미나나 컨퍼런스에 가보거나 페이스북, 블로그 등을 통해서도 꾸준히 정보를 얻으면 더욱 좋다. 오프라인 모임이 있다면 적극 활용해본다. 기회는 사람 간의 접점에서 오는 법이기 때문이다. 취업 포털 사이트에 좋은 정보가 올라오기만을 기다리기보다는 적극적으로 몸을 움직여 찾아나가야 한다.

50대에 금융권에서 퇴직하신 분을 상담했던 적이 있다. 그분은 자신의 경제학 관련 전공을 살려 모 전문대학의 산학중점 교수로 임용이 되었다. 현업에서 금융 실무를 하던 분이었기 때문에 학생들을 가르칠 때에도 생생한 현장의 이야기를 통해 이론적 지식을 설명하니 학생들로부터 인기를 얻었고 업계 선후배들의 인맥을 통해 학생들이 좋은 회사에 취직할 수 있도록 물심양면 도울 수 있었다. 금융권 지점장 출신이 대학의 산학중점 교수로 이동할 수 있었던 건 직업정보가 있었기에 가능한 직업전환이었다. 이러한 직업전환을 위해선 모든 채널을 열어두고 적극적인 탐색이 요구된다.

중장년 일자리 희망센터

중장년 일자리희망센터는 주된 일자리에서 퇴직(예정)하는 40세 이상 중장년층에게 재취업 및 창업, 생애설계 지원, 사회참여 기회를 제공하는 등 종합적인 전직 지원 서비스를 펼침으로써, 중장년층의 고용 안정 및 취업 촉진을 도모하고 있다.

지원대상: 만 40세 이상의 중장년

지원내용: 전직 지원 및 재취업 지원에 필요한 서비스 무료 제공(취업능력 향상, 재취업 알선, 생애경력설계 서비스, 직업체험 및 훈련, 창업교육, 귀농귀촌제도 안내 등)

1:1 상담-개인별 취업활동 계획 수립-특성에 맞는 서비스를 패키지

로 제공

신청방법: 구직 등록(방문, 온라인, 전화, 이메일)

운영기관: 전국 총 31개 센터 운영(노사발전재단, 전경련, 무역협회 등)

운영기관 목록은 고용노동부 홈페이지에서 확인할 수 있다

고용노동부 홈페이지(http://www.moel.go.kr)

정책마당-대상자별정책-중장년-중장년 일자리 희망센터

귀농귀촌종합센터(http://www.returnfarm.com)

귀농귀촌 희망 도시민의 안정적인 농촌 지역 정착 지원

지원 내용: 상담, 교육, 현장전문가 지원 등 원스톱 정보 서비스 제공

서울시 50플러스재단(http://50plus.or.kr)

50+세대의 경험과 역량을 활용하여 사회에 기여하는 역할을 수행하고 새로운 커리어 탐색의 기회를 제공하는 교육, 공유 사무실 등 다양한 프로그램 운영

한국노인인력개발원(http://www.kordi.or.kr)

노인 일자리 정보와 사회 활동 및 교육 프로그램 지원

고용복지플러스 센터(http://www.workplus.go.kr)

고용, 복지, 서민금융 등 원스톱 지원

여성새로일하기센터(http://www.vocation.or.kr)

한국 여성인력 개발센터 연합 사이트

소상공인진흥공단(http://www.semas.or.kr)

소상공인들의 역량제고와 재창업 및 성공창업을 지원

신사업창업사관학교, 소상공인 재창업 패키지와 같은 창업교육과 청년상인 창업 지원 등의 사업을 추진

서민금융진흥원(http://www.kinfa.or.kr)

창업희망자 또는 기존 사업자들을 대상을 창업 및 운영자금 저금리 대출, 창업 및 경영컨설팅, 교육 등을 제공

이제는
진로를 선택할 때

'나'에 대한 과거와 현재, 그리고 미래의 정보를 어느 정도 들여다보았다면 이제는 진로를 고민해볼 수 있다. 진로는 꿈과 맞닿아 있다. 꿈에 다가가기 위한 과정이기도 하며 때로는 꿈 그 자체인 것이 진로이다. 그러나 진로를 결정할 땐 많은 것이 고려되어야 한다. 개개인마다 처한 사항이 다르므로 자신의 진로장벽을 파악하여 이상과 현실 사이에 적절히 진로목표를 설정해야 하는 것이다. 이 과정에서 고려되어야 할 것들은 본 장에서 살펴보며 자신의 목표를 향해 한발씩 나아가는 시도를 해보자.

진로포부는 개인이 선택한 진로 안에서 성공과 성취를 얼마나 동경하는지를 나타내는 것으로, 진로포부와 유사하게 사용되는 용어는 직업포부(occupational aspiration)가 있다. 이는 임의의 시점에서 가장 좋은 직업적 대안으로 생각하는 하나의 희망 직업을 의미한다(Gottfredson, 1981). 직업포부는 주로 서구에서 사용되는 용어이고 성인들의 직업적 대안을 고려할 때 활용하는 개념으로 이해하면 된다.

첫 직장을 얻기 위한 청년들에게는 진로포부라는 단어가 더 적합한데, 진로포부란 현재 자신이 처한 현실적 상황과 조건을 인식하고 미래의 자기 자신에게 가장 적합하다고 생각되거나 기대되는 교육 수준이나 직업 지위를 포함하는 개념이다. 이는 자신이 앞으로 취할 진로행동에 있어서 선택하고 결정할 진로의 방향성, 즉 학업과 직업에 대한 성취 기대 및 인식을 가리킨다고 볼 수 있다. 즉, 진로포부란 자신이 처한 현실에서 예측되는 미래에 대한 긍정적이고 바람직한 기대와 희망을 의미한다. 따라서 개인이 갖는 진로포부는 자신이 나중에 어떤 일에 종사하느냐에 영향을 미치는 중요한 변인 중 하나이다.

개인은 자신이 처해 있는 사회적 공간 속에서 자신들이 수용할 수 있는 직업적 대안들에 대해 나름의 진로설계를 가지고 있고, 이것을 바탕으로 여러 요소를 고려하여 진로포부를 선택하게 된다. 특히 대학생들의 경우에는 대학원 진학이나 다른 전공으로 편입을 할 것인지 아니면 실제 취업 현장에 진입할 것인지에 관한 잠정적인 진로계획을 세우는 시기이다. 진로포부의 발달은 진로목표를 분명하게 해주기에 중요하다.

실제로 학생들이 학교생활에서 갖게 되는 목표는 직업과 관련이 있고 각자의 직업포부 수준에 따라 어느 정도의 학업 성취를 이루어야 가능한 포부인지 가늠하게 된다. 또한 진로포부는 돈을 많이 준다거나 높은 지위에 올라간다거나 하는 포상과 같은 외적 강화가 없을 때에도 장기간 행동을 지속하게 하여 원하는 결과를 달성할 가능성을 증가시키고 학교 학습 경험을 의미 있게 해준다(Wang & Staver, 2001). 꿈이 명확하고 하고자 하는 일이 분명한 이들이 열심히 공부하는 것도 그 때문인지 모르겠다.

이렇게 중요한 진로포부에 영향을 미치는 관련 변인은 크게 내적인 요인과 외적인 요인으로 나눌 수 있다. 개인의 내적인 변인은 자아개념, 자기효능감, 진로성숙도, 성 역할 정체감, 학업 성적 등이며, 외적 요인은 부모의 교육 수준, 양육 태도, 가정의 사회·경제적 배경, 거주지, 직업환경 및 진로장벽 등이다.

진로포부는 Gottfredson이 제시한 이론의 중요한 주제로, 그는 인간발달의 개념을 직업선택 및 진로결정에 도입하여 진로발달을 개인의 전체 발달의 한 측면으로 설명하였다. 앞서 첫 직장을 얻기 위한 청년들, 대학생을 언급하였지만 실제로는 어린 시절부터 발달되어 진로계획 및 결정 앞에서 영향력을 행사하는 하나의 개념인 것이다. 어린 시절 형성되는 직업에 대한 인식은 이후 진로결정 과정에서 결정적인 요소로 작용하기 때문에 개인이 사회·문화적 기대와 어긋나는 진로결정을 할 때 도전을 받기도 한다. 진로상담사는 이와 같은 사회·문화적 기대가 내담자의 진로인식에 어떤 영향을 주고 있는지 파악하고 이를 내담자 스스로 깨닫도록 돕는 것을 중요한 진로상담의 목표로 삼는 경우도 있다.

Gottfredson에 따르면 사람들은 자신의 자아 이미지에 알맞은 직업을 원하기 때문에 진로발달에서 자아개념은 진로선택의 중요한 요인이 된다. 그에 의하면, 아동이 성장함에 따라 자아개념이 점차 분화되어가면서 자신의 자아개념에 적절한 직업을 선호하게 된다고 하였다. 자아개념(self-concept)은 자기 자신에 대해서 지각하고 있는 것으로, 자신에게 해당한다고 생각하는 것과 그렇지 않다고 생각하는 것, 자신에 대한 기대와 되고 싶은 것까지를 포함한다. 즉, 진로포부는 자아개념(성, 사회계층, 지능, 흥미, 가치), 직업에 대한 이미지(직업에서 선호하는 성별, 사회적 위치, 명예 등), 직업의 접근 가능성, 적합성, 선호성 등과 같은 여러 요소들에 의해 형성된다.

직업에 대한 이미지(occupational image)란 직업에 대해서 일반적인 표상을 공유하는 것을 말하며, 접근성(accessibility)은 개인이 특정한 직업에 입문하는 기회에 영향을 주는 사회적·경제적 환경에서의 지원이나 장애물을 뜻한다. 적합성(compatibility)은 직업에 대한 일반적인 이미지와 자신의 자아개념을 비교해서 그 직업이 자신에게 적합한지를 판단하는 것을 의미한다. 개인은 자신이 속해 있는 사회적 공간 속에서 자신들이 수용할 수 있는 직업적 대안들에 대한 그들 나름의 인지 지도(cognitive map)를 가지고 있고, 이것을 바탕으로 위의 여러 요소들에 근거하여 진로포부를 선택하게 된다고 가정한 것이다.

이러한 기본 가정하에서 *Gottfredson*은 진로포부의 발달을 단계로 나누어 설명하였다.

1. 서열 획득 단계(orientation to size and power)

크기와 힘 지향의 단계이다. 주로 3-5세 시기의 아동들은 키가 큰 사람과 키가 작은 사람, 힘이 센 사람과 힘이 약한 사람 등 외형적인 특징으로 인간의 특성을 이해하기 시작하며 권력을 가진 대상을 선호하는 경향을 가진다. 이제는 더 이상 동물이나 동화 속 주인공이 되고 싶다는 말을 하지 않고 어른들의 세계에서는 직업을 갖는 것이 중요하다는 것을 인식하게 된다. 명성이 있는 직업-명성이 없는 직업과 같은 개념을 조금씩 깨닫게 된다.

2. 성 역할 획득 단계(orientation to sex role)

6-8세의 아동들은 사물을 이분법적으로 지각하고, 동시에 성 역할에 대해 이해하기 시작한다. 이 단계에서는 성별에 적합한 직업인지 살펴보게 되고 여자만 하는 직업과 남자만 하는 직업으로 분류하는 '허용 가능한 성 유형 경계(tolerable-sex type boundary)'가 발달한다. 겉으로 드러나는 활동이나 옷차림 등 눈에 보이는 단서에 초점을 두게 되며 자신의 성에 적합하지 않은 직업을 자신이 원하는 직업 목록에서 제외시키게 된다.

3. 사회적 가치 획득 단계(orientation to social valuation)

9-13세가 되면 자기중심성을 벗어나 또래를 비롯한 타인의 사회적 평가에 민감해지고 사회적 계층, 능력과 같은 보다 추상적인 자아개념이 사회적 행동과 기대에 중요한 결정 요인이 된다. 이 시기에는 직업의 보상적 측면(권위, 명성, 임금 등)에 따라 필요한 교육 수준의 정도가 각기 다름을 인지하게 되어, 점차 진로의식 성숙이 이루어지게 된다.

아동이 사회적 가치 획득 단계를 거치면서 사회적 계층에 대한 자아개념을 갖게 되면, 낮은 사회적 지위의 직업들을 제외시키게 된다. '허용 가능한 수준(tolerable level boundary)'의 경계 밖에 있는 사회적 지위가 낮은 직업은 자신에게 알맞은 직업으로 고려하지 않게 되는 것이다. 13세 정도가 되면 대부분의 학생은 성인이 하는 방식과 비슷하게 사회적 명성에 따라 직업을 평가할 수 있게 된다. 직업들을 지위에 따라 나열할 수 있게 되고, 수입이나 교육, 직업 사이의 긴밀한 연결을 이해하게 된다. 또한 직업의 계층에 따라 삶을 살아가는 방법과 다른 사람들에게 인정받는 정도가 달라진다는 것을 이해한다. 그리고 자신의 능력 수준에 대해서도 지각하게 되고 자신의 가족과 공동체에서 수용하지 않을 직업들이 무엇인지도 알게 된다. 자신이 앞으로 가질 직업에 대해 사회적 지위의 상한선과 하한선을 설정할 수 있게 되어 이 시기에는 보다 현실적인 직업포부를 형성하게 된다.

4. 내적 고유 자아 확립 단계(orientation of internal, unique self)

자아정체감의 혼란을 경험하는 시기로 14세 이후의 청소년이 해당된다. 보다 내면세계의 목적을 추구하고 성격과 같은 내적 특성에 근거한 자아개념을 확립하면서 남들과는 차별화되는 자신의 독특성에 관심을 갖는다. 또한 자기 스스로 자기 자신을 어떻게 보는지뿐만 아니라 타인이 자신을 어떻게 보는가에 대해서도 중요하게 여기게 된다.

4단계는 타인에 대한 책임, 앞으로 부양하게 될 가족에 대한 생각, 가족 부양에 대한 중요성 등을 인식하게 되는 시기이다. 또 자신의 흥미, 가치, 능력 등의 내적이고 고유한 특성들을 보다 중요한 기준으로 삼아 자신의 직업 선택의 범위를 축소시키게 된다. 그리고 앞 단계에서 확립한 수용 가능한 진로 대안 영역 안에서 진로탐색을 시작하게 된다. 1단계에서 3단계까지는 적절하지 않은 대안들을 제외시키는 과정이라면, 4단계는 가능한 대안들 가운데 가장 좋은 대안을 선택하는 것에 초점을 두고 있으며, 4단계에서 타협의 과정이 시작되어서 어떤 선택이 가장 선호되고 수용되는 것인지 구체화하는 과정이 이루어진다.

이러한 Gottfredson 진로포부의 발달이론에 기반해보면 국내 대학생들은 타협의 과정에서 현실적인 가치와 자신의 내적인 흥미의 갈등을 경험하는 것 같다. 발달이론은 각 단계의 선행 조건이 다음 과정의 획득 여부에 영향을 미치는 중요한 과정인데 진로포부의 타협 과정이 부자유스럽다는 것은 어쩌면 그 이전 발달단계에서 스스로의 탐색 과정에 대한 격려 대신 누군가의 꿈에 의해 만들어진 포부로 야기된 부작용일 수도 있다.

우리는 언젠가 이곳을 떠나 앞으로 나아가야 한다. 대단한 꿈이나 목표가 아니면 어떤가? 자기다운 포부, 자기다운 목표면 충분하다. 꿈꾸던 직업과 현실적 여건을 타협해나가는 과정은 성숙한 진로발달의 단계에서 자연스럽게 이행되는 과정인데, 희망하는 진로포부조차 없다는 건 우리가 대학에 오기 위해 최선을 다해 노력하는 과정 중 무엇인가 대단히 중요한 것을 잃어버린 것은 아닌가 자문하게 된다.

꿈꾸는 것은 한계가 없다. 헛된 기대는 우리를 아프게도 하지만 무모한 도전 속에 발전도 가능하다.

꿈을 꾸되 현실을 단단히 딛고 서길 기도한다.

진로탐색을
하라고요?

'진로탐색을 해보세요'라는 말은 무엇을 의미할까?

모 도서관에서 주관한 저자 강연회가 있는 날이었다. 나를 좋아한다는 말보다 내 책을 좋아하는 사람들이 모인 자리라고 하니 무척 기쁘고 들뜬 마음이었다. 자신의 진로이든 자녀의 진로이든 진로문제에 관심이 있어 모인 사람들이라는 사실은 이미 공통분모 하나를 만들어놓은 셈이기에 그 자체만으로도 가슴이 설레기에 충분하였다. 강연날이 소풍날처럼 기다려졌고 과연 어떤 분들이 모였을까 무척 기대가 되었다.

이른 아침 서둘러 강의장에 도착하였다. 담당 사서분이 강의는 2시간 정도 하고 질문을 1시간 정도 받아달라는 정중한 부탁을 하셨다. '진로, 고민하고 답하다'라는 제목처럼 독자들의 질문이 있고 그에 맞는 대답이 필요하다는 의미였다. 고작 두 시간의 강연에서 무엇을 전달하면 좋을까 많은 생각을 하였다. 내가 마법사도 아닌데 청중들의 이야기를 듣자마자 모든 문제의 답을 제시할 수도 없는 노릇이거니와 진로상담은 그런 단편적인 답을 제시하는 일도 아니다. 하지만 한편으로 또 독자의 기대와 주최 측의 요구를 완전히 저버릴 수는 없는 일이었다.

강연이 시작되고, 참가한 이들은 자녀의 진로고민으로 참석한 분부터 자신의 노후경력이나 경력단절 상황에서 답답한 마음으로 참여한 분까지, 실로 다양했다. 짧게 주어진 시간 동안 포괄적인 진로 이야기를 풀어나가다 보니 강의는 자연스럽게 진로탐색 분야로 흘러갈 수밖에 없었고 기본적인 내용을 다룰 수밖에 없었다. 어쩌면 두 시간이라는 제한적인 상황에서 전달할 수 있는 가장 중요한 테마는 진로탐색이라고 생각했는지도 모르겠다. 그래도 짧은 시간 동안 전달하고자 하는 이야기는 분명했다. 진로의사 결정을 하기에 앞서 진로탐색이 필요하고, 중요하다는 것이다.

그러나 사실 이런 이야기는 쉬운 듯도 하나 매우 어렵다. 해본 적도 없는 진로탐색을 어디서부터 하라는 것일까? 정답 찾기에 익숙한 우리가 진로탐색을 얼마나 견딜 수 있을까? 탐색은 어떤 식으로 이루어져야 하고 그 과정에서 무엇을 느끼고 배워야 하는 걸까? 진로탐색을 잘해야 한다는 말 한마디에 그냥 고개를 끄덕이고 넘어가야 하는 걸까? 의문투성이가 아닐 수 없다. 물론 강연은 일상의 사례를 들어 이해도를 높이는 방법을 택하지만 진로탐색을 명확한 개념으로 규정해서 청중에게 전달하는 일은 늘 모호하다. 책을 보거나 유명한 사람의 강연을 들어보아도 결론은 진로탐색을 해보라는 이야기로 끝이 나지만 그러니까 그게 무슨 말인가? 답답하기는 매한가지일 것이다.

　전통적으로 진로탐색은 학교를 졸업하고 직장을 잡는 단계에서 가장 흔하게 사용되는 용어였다. 그러나 최근에는 진로탐색을 전 생애 다양한 경력변화에 대응하는 개념으로 사용하는 추세이다(Niles, Anderson, & Goodnough, 1998). 지금처럼 빠른 변화의 시대에는 진로탐색을 얼마나 할 수 있는가가 일종의 적응기제로 여겨지기도 한다(Zikic & Klech, 2006). 그러나 진로탐색의 과정이 실제로 어떻게 이루어지고 그 과정에서 주의해야 하거나 구체적으로 확인해야 할 것들에 대해서는 잘 알려진 바가 없다.

　진로선택에서 우리는 다양한 우연의 요소에 영향을 받고 사회·문화적 환경에 영향을 받기도 하며 개인의 나이나 성별, 흥미나 가치 등에 영향을 받는다. 더 나아가 정치적, 혹은 경제적 환경이나 지리적 조건도 개인의 진로선택에 큰 영향을 미친다. 농촌지역이냐 도시지역이냐, 어떤 가정에서 성장하였으며 어떤 교육 제도의 혜택을 받았는가 하는 것은 부연하지 않아도 이해할 수 있는 부분이다. 맥락 속에 놓인 개인은 진로탐색에 있어서도 수많은 '기회'와 '장벽'을 경험하게 된다.

　최근의 진로무질서[2]이론처럼 매우 복잡한 환경에서 역동적으로 펼쳐지는 커리어에 관한 이론들은 개인의 진로탐색을 굉장히 폭넓게 바

---

2) 진로무질서 이론은 기존의 진로이론이 변화보다는 안정을 전제로 진로를 설명하는 것에 한계를 지적하면서 등장하였다. 진로는 환경의 다양한 층위의 요소들이 상호작용하며 비예측적이며 비선형적인 형태로 진행되는 것을 전제로 한다. 따라서 지속적인 변화에 역동적으로 적응하며 예측할 수 없는 작은 차이가 큰 차이를 낳을 수 있다는 점을 강조한다. 우연적인 요소가 전혀 새로운 형태의 유인으로 작용하여 예상하지 못한 반전과 경이적인 사건을 통해 진로가 바뀔 수 있음을 주장한다.

라보려고 한다. '진로탐색'이라고 할 때 전통적인 진로이론에서는 자신의 희망 분야에 관한 정보를 모으거나 심리검사를 통해 자신에 대한 이해를 돕거나 진로목표를 달성하기 위한 주위 환경을 둘러보는 것들을 의미하였다(Hall, 1986). 다시 말해 진로탐색 과정은 대개 자기 자신과 환경에 대한 정보를 모으고 진로계획을 세우며 의사 결정을 하기 위한 가치를 탐색하는 등 일련의 과정을 의미한다. 조금 더 포괄적으로 바라본다면 진로에서 수반되는 일정 부분의 우연의 요소, 예측할 수 없는 모호성, 불확실성을 동반하는 것으로 이해되며 진로상담사들은 내담자가 진로탐색을 대하는 정서적 상태를 파악하고 진로탐색 과정의 불확실성과 모호함을 견딜 수 있는 능력을 향상시키려 조력하기도 한다. 진로탐색의 이런 불편한 측면을 참을성 있게 해나갈 수 있는 유연성을 길러주려고 노력하는 것이다(Flum & Kaplan, 2006).

초기 진로이론에서는 체계적인 탐색의 과정을 거쳐 일정한 시도를 해본 뒤에 자신에게 잘 맞는 일을 찾아 안정적으로 커리어를 형성해나간다고 생각하였다. 그러나 현장에서 상담을 해보면 일부는 진로탐색에 대한 자발적 동기가 없거나 진로탐색 자체가 장벽에 가로막혀져 있는 이들이 많다는 사실을 발견하게 된다.

'진로탐색을 해보세요'라는 일방향의 말이 전혀 도움이 되지 않는 지점이 있으며 그 말로 인해 오히려 더 큰 상심에 빠지는 대상이 있다. 다양한 내담자를 만나 상담을 해오면서 진로상담사의 민감성과 감수성은 중요한 요소라고 느꼈다. 몽고나 베트남에서 온 이주 여성들과 진로상담을 할 때도 그랬고 장애를 가진 여성을 기업 내 상담실에서 만났을 때도 경험한 사실이었다. 진로탐색 자체에 장벽이 있는 이들에 대해서는 거의 고려를 하지 않게 된다면 상담에서 놓치는 부분이 많고 자칫 해를 끼치거나 상처를 주게 될 수도 있다. 탐색의 기회 자체가 매우 부족하고 자신감이 낮거나 가진 기술이 없으며 처한 환경 속에서 어떤 기회가 있는지조차 모르는 경우가 그들에게는 진로탐색의 과정 자체가 또 하나의 장벽으로 작용하기에 이들에 대해서 충분히 숙지하고 있을 필요가 있다.

과거 한 법대생을 진로상담 했을 때 그 학생은 대학교를 졸업할 때까지 변호사가 되겠다는 생각만을 하고 졸업반이 되었기 때문에 다른 직업이나 진로에 대해서는 한번도 고민해본 적이 없다고 했다. 그러나 대학교 졸업을 앞두고 로스쿨 시험 등을 치러낼 준비나 자신감이 없다는 사실을 알고 자신의 진로에 대한 총체적인 고민에 싸여 내게 상담을 요청해왔다. 해결되지 않는 고민을 안고 일단 찾아오긴 했지만, 그 학생은 진로탐색이 필요하다는 사실 자체를 그간 의식해본 적도 없고 진로탐색을 어떻게 해야 하는지, 왜 해야 하는지 전혀 이해하지 못하는 상황에 놓여 있었다.

진로상담 과정에서는 구직하겠다는 새로운 목표가 중요한 이슈로 떠올랐기 때문에 직업탐색뿐 아니라 채용 전반에 관한 체계적인 프로세스를 안내하고 관련 정보를 공유하며 이야기를 많이 나누었다. 관련하여 심리검사와 채용정보 서치법 같은 구직을 위해 필요한 도움을 제공하였고 내담자 역시 스스로 채용정보를 찾아보며 구체적인 탐색을 시작하게 되었다. 직업정보도 굉장히 부족하여 직업정보 탐색도 함께 진행하였기 때문에 전반적인 진로성숙도를 높이는 차원에서 세심하게 개입하였다. 또한 자책감이나 낮아진 자존감을 올리는 상담이 병행되었다. 이와 같은 경우는 전통적인 직업의 고정관념 등에 사로잡혀 탐색 자체를 시도할 생각조차 하지 않고 진로목표를 특정 직업 하나에 두고 그것만을 고수하는 경우 발생할 수 있는 일례이다.

하지만 전쟁 지역의 시민이나 난민 등은 진로탐색이라는 용어를 사용하여 그들의 진로성숙을 돕기가 무척 어렵다. 왜냐하면 그들이 놓여 있는 상황은 생명의 안전을 유지하고 최소한의 경제적 활동을 통해 살아남는 것마저도 힘겨운 상황이기 때문이다. 그러니 진로탐색의 개입은 내담자가 처한 진로장벽의 수준에 따라 적절한 수준에서 수행되어야 한다. 성별이나 나이 등도 진로탐색의 장벽으로 작용하고 여성의 직장 내 유리천장과 같이 기업의 관행이나 정책 등도 진로탐색 과정에 영향을 미친다. 이러한 내용들은 한 개인의 인구통계학적 특징과 사회경제적 환경 등이 진로탐색을 방해할 수 있다는 점을 충분히 고려하지 않을 때 상담 과정에서 진로탐색을 해보라는 말이 무책임하게 들릴 수 있다는 것을 함의한다.

진로상담의 일반적인 케이스로 개인의 진로무결정이나 다양한 부적응 관련 요소들도 장벽이 될 수 있다. 예컨대 진로무질서 이론에서 소개하는 하나의 유형인 '목표지향형'들은 적절한 진로탐색에 실패할 수 있다. 왜냐하면 이들은 특정한 목표에 과도하게 초점화되어 있기 때문에 자기 자신에 대한 이해가 충분치 않은 상황에서 하나의 목표에 과잉 몰입될 수 있기 때문이다. 또는 선택에 대한 불안감이 높은 경우나 두 가지 대안 중에서 하나를 선택하지 못해서 지속적으로 생각이 왔다 갔다 하는 '시계추 유형'도 진로탐색에 장애가 될 수 있다. 이 경우 진로상담사들은 내담자들의 기본적인 자기탐색에 초점을 두고 자신의 가치나 목표 그리고 우유부단한 성격과 일-가정에 대한 압력이나 중요한 타인들의 영향 등을 충분히 살피며 내적·외적 압력과 갈등을 다루기 위해 개입해야 한다.

적극적인 진로탐색은 개인의 진로목표를 구체화하는 데 도움이 되고 이를 통해 구체적인 실험이나 사전 점검 등을 할 수 있기 때문에 자신이 선택한 직업에 대해서 만족감을 높일 수도 있다. 진로탐색의 과정을 통해 자신에 대해서 더 많이 알 수 있으며 희망하는 분야에 대해서도 많은 정보를 습득할 수 있다는 점은 일반적으로 잘 알려진 진로탐색의 유익성이다. 진로상담사는 이 과정을 충분히 지지하고 격려함으로써 내담자가 자신에 대해서 더 잘 알 수 있도록 돕고 다양한 경력 관련 실험을 수행할 수 있도록 지지해야 한다. 특히 실업 기간같이 어려운 시기에 이루어지는 진로탐색은 더 많은 기회를 발견하게 되거나 고용 가능성을 높이는 데도 도움이 된다는 점을 강조하면서 탐색의 과정에서 일어날 수 있는 불안함과 조바심을 다루어나갈 수 있다.

요즘처럼 변화무쌍한 경력환경 속에서는 '진로탐색'의 역량이 개인의 적응력을 높이고 변화하는 환경에서 살아남기 위한 필수적인 생존 기술이 될 수도 있다. 그러나 진로탐색이 무조건 다 좋은 것도 아니다. 빈번한 진로탐색은 한 직장에 근무하는 것을 방해할 수 있다. 우리가 충분히 예상할 수 있듯이 과도한 이직이나 전직은 결과적으로 부정적인 경력 관리로 이어질 수 있다. 자발적 퇴사의 경향성이나 잦은 이직은 끊임없는 다음 선택지에 대한 탐색 경향을 수반한다(Boswell, Boudreau & Dunford, 2004).

쏟아지는 정보 속에서 잘못된 정보에 이끌리게 되거나 자신이 관심 있는 것만을 뒷받침해주는 선택적 지각을 통해 오히려 부적응을 초래할 수도 있는 것이다. 이런 경향은 의사 결정에 대한 불안감이나 어떤 대안에 대한 불충분한 탐색, 혹은 어떤 정보에 대한 왜곡된 습득이 원인일 수 있다. 자칫 무관한 일을 지속적으로 넘나들고 커리어를 개발시키는 데 어려움을 겪을 수 있다. 또한 수동적인 탐색을 하는 이들은 자신의 결정을 확신하는 정보만을 취합하여 자기 생각을 강화하는 탐색을 하게 된다. 진로상담사는 내담자가 진로탐색의 과정에 동참하여 그들이 구체적으로 어떤 진로탐색을 수행하는지, 어떤 어려움을 겪고 있는지 살펴보아야 하며 진로정보를 인지하는 데 있어서 왜곡은 없는지 들여다볼 필요가 있다. 부적절한 진로탐색의 과정에 개입하여 진로의사 결정의 어려움을 줄일 수 있게 도와야 한다.

따라서 '진로탐색을 해라'라는 말보다는 조심스럽게 내담자의 진로탐색 과정 자체를 살펴보아야 한다. 이 단계에서는 개인의 다양성을 고려해야 하며 그들을 둘러싼 환경적 요소도 고려하여야 한다. 또한 부적응적인 진로탐색이 있는지 면밀히 평가해보아야 하는데 최우선적으로 진로탐색의 의지 자체가 있는가를 확인하여야 한다. 의지 자체가 없다면 내담자가 처한 맥락 속에서 가능한 것과 가능하지 않은 것을 구분하여 접근하여야 한다. 또한 진로상담사는 모두에게 동일한 진로탐색과 진로목표가 가능하다고 생각하지 말아야 하며 우연적인 사건이나 예측할 수 없는 것들에 대해서 내담자가 준비할 수 있도록 도와주어야 한다.

진로상담의 과정은 크게 탐색하기-이해하기-실행하기로 이루어지는데, 내담자가 자신에 대해서 이해하고 진로를 탐색해나가는 과정에 도움이 되는 5가지 방법을 소개하면 다음과 같다(S. D. Brown & Ryan Krane, 2000).

1. 상담 과정에서 내담자 자신의 과거와 현재, 그리고 미래에 관해 글로 적어보는 활동이다. 글을 써보는 과정에서 자신이 어떤 사람인가에 대한 많은 정보를 얻을 수 있다. 일기나 낙서 같은 글도 모두 좋다.

2. 개별화된 심리검사의 해석과 피드백을 받는다. 이 과정에서는 숙련된 전문가의 도움이 필요하다. 진로탐색에서 객관적으로 참고할 수 있는 검사의 도움을 받는다는 것은 많은 시간을 단축할 수 있다.

3. 내담자에게 직업 세계에 대한 정보를 제공해야 한다. 특히 S. D.

Brown과 Ryan Krane(2001)은 다음과 같은 흥미로운 관찰 결과를 덧붙였다. "내담자들에게 어떤 개입이 도움이 되었는지를 물어본 여러 연구 결과에서, 일관되게 가장 많은 도움이 되었다고 보고된 것은 진로정보를 찾아보고 활용하도록 돕는 것과 관련된 활동이었다."

이 부분은 나 역시 실제 상담 현장에서도 굉장히 많이 느끼고 동의하는 부분이다. 유용한 정보가 없어서 목표를 잡지 못하는 경우가 무수히 많다. 필요한 정보가 제공되었을 때 놀랄 만큼 자기주도적으로 진로를 탐색해나가고 목표를 성취해나가는 이들을 목격하는 일은 어렵지 않다.

4. 상담사는 대리 학습 경험을 제공해야 한다. 내담자의 전공 분야에서 성공한 롤모델들을 내담자에게 소개할 수 있다. 유튜브도 좋고 누군가를 직접 만나보아도 좋다. 이런 부분은 사회적 관계, 그리고 SNS 인맥도 도움이 된다. 동경하는 대상을 가깝게 보고 그들의 일상을 관찰해보면서 많은 영감을 받을 수 있다.

5. 내담자의 진로선택에 대한 지지체계를 구축해야 한다. 여기에는 정서적 지지와 사회적 지지가 포함된다. 내담자들에게 우리의 인맥이 닿는 사람들과 연락할 기회를 주는 등 내담자가 전문적인 인맥을 넓히고 자신의 목표를 향해 나아갈 수 있는 응원과 격려를 제공할 수 있다.

이 요소들은 각각이 다 중요하지만, 다섯 가지를 모두 조합하면 가장 강력해지는 것으로 보인다. 진로상담사로서 내담자가 자신의 진로 행동 계획을 세우도록 도우려면 내담자와의 토론, 개선, 예행연습, 변경 등 수많은 일들이 필요하다. 내담자들은 그 과정에서 도움을 필요로 하며, 진로상담사들은 내담자가 계획을 실천에 옮길 확률을 높일 수 있도록 다양한 방법을 동원할 수 있다.

진로 관련 분야에서 누군가를 조력하고자 할 때 '진로탐색을 해보세요'라는 말이 무책임하게 사용되지 않아야 함을 강조하고 싶다. 이 말에 담긴 의미와 가치, 그리고 한계와 효용에 대해서 깊이 생각해보는 필요성은 아무리 강조해도 지나치지 않는다.

결국은 자신이 결정해야 하는 일

　인도 우화에 보면 이런 이야기가 있다. 한 마리의 쥐가 살고 있었는데 이 쥐는 고양이가 무서워 꼼짝도 못 하였다. 이를 본 신이 가엾게 여겨 쥐를 고양이로 만들어주었다. 하지만 고양이가 된 쥐는 이번엔 개가 무서워 꼼짝도 하지 못하였다. 이에 신이 다시 한 번 자비를 베풀어서 이번에는 고양이를 호랑이로 만들어주었다. 그러자 이번에는 사냥꾼이 무서워 꼼짝도 못 하는 것이었다. 이를 본 신은 "너는 다시 쥐가 되어라. 무엇으로 만들어도 쥐의 마음을 가지고 있으니 어쩔 수 없다." 하며 다시 쥐로 되돌려놓았다는 이야기이다.

　우스운 이야기이지만 우리의 마음도 이와 같아 변화하려는 마음과 변화하지 않으려는 마음이 진자운동을 하는 추처럼 종일 왔다 갔다 한다. 변화는 새로운 위험을 수용해야 하기 때문에 두렵다. 잘못된 선택이면 어쩌나 걱정이 앞선다. 만일 잘못된다면? 이 선택이 옳지 않다면? 과연 무슨 일이 일어날 것인가?

진로결정 앞에서 머뭇거리는 이들이 많다. 변화하고 싶지만 정작 변화에 수반되는 모호함 때문에 결국은 제자리걸음을 한다. 심사숙고가 지나쳐 만성적인 미결정 상태에서 괴로워한다. 생소한 환경에 저항하려는 것은 자연스러운 생존본능이고 변화는 도전을 요구한다. 그러나 이런 자연스러운 변화의 저항을 넘어서 지속적인 의사 결정 미루기로 인해 자신의 경력개발에도 악영향을 미칠 때 많은 이들이 상담실의 문을 두드린다. 주로 호소되는 문제들은 단순한 의사 결정부터 복잡한 진로 이슈들까지 그 종류는 실로 다양하다.

상담 과정에서는 변화를 원하지만 변화하지 않으려는 구성원들의 혼란에 공감하고 그들의 망설임을 존중하며 걱정되는 미래와 불안감을 다룬다. 충분한 상담이 이루어진다면 한발 앞으로 나아갈 자극을 주기도 하고 변화의 주체로서 선택불안을 다룰 수 있는 힘을 기르는 데 집중한다. 상담을 신청하는 분들 중에는 더러 "상담사가 나를 위해서 올바른 결정을 해주었으면" 하는 바람을 갖고 있다. 하지만 상담사는 도사가 아니다. 다행스러운 것은 상담 과정이 잘 이루어진다면 내담자 스스로 결정을 내리고 자신의 미래를 설계해나가게 된다. 상담사는 대신 결정을 내려주지도 않고 확실한 충고를 하지도 않는다. (확실한 답변을 요구하는 분들에게는 외려 적절한 좌절감을 드리기도 한다. 가끔씩 필요하다면 정보를 제공한다.)

진로뿐 아니라 인생사는 선택의 연속이다. 어쩔 수 없는 선택의 불안과 두려움을 이기고 스스로 걸어나올 수 있는 사람도 자신뿐이고, 선택의 책임을 지는 것도 자기 자신이라는 것을 배우면서 살기 마련이다. 상담사는 의사 결정 과정에 개입하면서 함께 노력할 뿐이다. 상담을 통해 '내가 어떤 사람인가'에 대한 자기명확성이 생기게 되면 결정과 문제가 동시에 해결되는 경우를 종종 보게 된다.

하지만 진로미결정의 문제가 지속되면 진로정체감과 관련될 수 있다. James Marcia(1966, 1991, 1994)는 Erikson의 정체감형성 이론에서 두 가지 차원, 즉 위기(crisis)와 관여(commitment)를 중요한 구성요소로 보고, 이 두 차원의 조합을 통해 자아정체감을 네 범주로 나누었다. Erikson은 아동이 어떻게 자아정체감을 발달시키고 사회화되는가에 대해 관심을 가졌는데, 그는 성장 과정에 따라 발달단계를 이룬다고 생각하였다. Erikson이 구분하고 있는 발달단계는 위기 혹은 사회심리적 문제를 특징으로 하는데, 사람은 성장하면서 직면하게 되는 위기를 수용하고 해결해야 충분히 기능을 하는 인격으로 형성된다고 하였다. 여기서 위기란 자신의 가치관에 대해 재평가하는 기간을 의미하고, 관여는 계획, 가치, 신념 등에 대해 능동적 의사 결정을 내린 상태를 의미한다.

Marcia는 개인의 정체감을 위기와 관여의 매트릭스인 4개의 지위로 구분하였다.

첫째, 정체감 혼미(Identity diffusion)의 상태는 정체성을 개발할 필요도 못 느끼고 자신에 대한 탐색을 하지 않아 정체성이 형성되지 않은 상태이다. 이는 사회적 고립을 초래하기도 하는데 네 가지 상태 중 가장 비정상적이고 미성숙한 상태이다. 혼미의 상태는 인생을 정의할 때 자신에 대해서 분석하지도 실행하지도 않는 상태임을 말한다. 이들 중 일부는 거의 나는 누구인가? 어떻게 살고 싶은가? 와 관련된 문제에 흥미를 갖지 않고, 다른 일부는 망설임을 반복한다.

둘째, 정체감 유실(Foreclosure)로, 유실은 다른 대안을 탐색하지 않고 관여를 하는 상태를 말한다. 이 상태의 청소년들은 주로 부모의 생각이나 신념을 의심 없이 받아들여 행동한다. 어떤 일에 대해 생각을 조금 혹은 거의 하지 않고 행동으로 옮기긴 하나 주체성을 가지고 '이루어 낸' 것은 아니다. 대학생들 중 상담실에 와서 울고 가는 학생들은 이런 경우가 많은 것 같다. 부모님이 원하는 전공을 선택했다거나 하고 싶은 것이 있지만 주변의 지지를 전혀 받지 못해 포기했다거나 주위 사람들이 그건 안 될 거라며 부정적인 피드백을 하게 되어 꿈을 접었을 때이다. 두려움에 정면으로 맞서기보다는 의사 결정의 책임을 상대에게 돌리고 자신의 의견을 포기하는 것이다.

이 과정에서 한 가지 우려되는 점은 우리는 이미 가지고 있는 정체성과 다른 반대의 정체성을 받아들일 때 자신에 대한 분노를 동반한 '부정적 정체성'이 나타난다는 데 있다. 과거에 장남이나 장녀로 태어나 자신이 원하는 삶을 살지 못한 채 가족이 원하는 일을 선택하여 진로를 개척한 분들과 상담을 할 때면 그분들의 이야기 속에서 '내가 없어진 것'에 대한 한(恨)을 경험하게 된다. 또 다른 예로는 모범생으로 반항 한번 한 적 없는 아이들이 대학에 가서 격렬하게 부모와 싸우고 제2의 사춘기를 경험하는 사례에서도 자신이 탐색할 사이도 없이 주어져버린 진로정체감 때문에 괴로워하는 경우를 심심치 않게 볼 수 있다.

셋째, 정체감 유예(Moratorium)는 위기 때문에 행동을 하지 않거나 행동을 한다 해도 행동의 속성이 분명치 않다. 하지만 지속적으로, 적극적으로 대안을 찾고 있는 중일 수도 있다. 유예 상태에 있는 사람들은 다른 상태에 있을 때보다 더 많이 불안해한다. 그들에게 세상은 예측 가능한 곳이 아니기 때문에 세상을 예측하기 위해 매우 심각하게 몸부림치게 된다. 간혹 불안감에 중독의 문제가 동반되기도 한다. 술을 마시거나 쇼핑을 하거나 의미 없는 잡담이나 게임을 하기도 한다. 불안하여 무엇이라도 찾고 싶지만 위기에 압도되어 가만히 있는 것이다. 이럴 때에는 위험을 무릅쓰고 나아갈 수 있는 용기가 필요하고 현장에서는 동기강화 상담을 활용하기도 한다. 하지만 간단한 문제는 아니다. 현재 우리나라의 청춘들은 유예 상태에서 더 많은 시간을 보낸다. 이런 현상에 대해 Gail Sheehy는 '임시 성인기'라는 용어를 사용하였다.

넷째, 정체감 성취(Identity achievement)이다. 정체감 성취를 이룩한 사람들은 탐색과 위기의 과정을 겪었지만 자신의 방식으로 정체감 문제를 해결하였다. 탐색에 대한 해결의 결과로서 청년은 직업, 종교적 신념, 개인적 가치체계에 대해 개인적으로 잘 정의된 의사 결정을 내릴 수 있고 진로목표에 대한 자신의 태도와 가치를 결정한 상태가 된다. 다만 진로의 결정이 정체감 성취와 동일한 말은 아니라는 것은 기억하면 좋겠다. 자신의 목표가 명확한 이들 중에서도 부적절한 목표를 설정하고 고수하는 경우도 있기 때문이다. 따라서 이분법적으로 진로결정은 좋은 것이고 진로미결정이 나쁜 것은 아니다. 진로미결정이든 진로결정이든 맥락과 상황 속에서 좀 더 세심하게 들여다볼 필요가 있다.

　두 달 전 상담실에 찾아와서 진로문제를 꺼내놓고 한참을 울고 갔던 여학생이 있다. 그녀가 원하는 삶은 출판미디어 관련 분야인데, 관련 분야가 아닌 임용교사를 준비하고 있는 학생이었다. 교사가 되고 싶지도 않고 되고 싶다는 생각조차 해본 적이 없었던 그 학생은 취업이 어려운 막막한 현실과 국어교육을 전공했다는 이유, 그리고 절대적으로 교사를 희망하시는 부모님을 실망시켜 드리고 싶지 않다는 효심에서 원하지도 않는 공부를 무척이나 열심히 하고 있었다.

　"선생님, 그럼 저는 어떻게 하면 되나요? 어떻게 변화해야 한다고 말을 해주시면 제가 그대로 해볼 텐데요…."

　나는 조용히 그 여학생에게 말해주었다.

　"변화하려고 노력하지 마세요. 지금 우리가 이런 이야기를 하면서 함께 있는 그것이 중요한 거예요. 우리는 지금 이런 방식으로 만난 거죠. 어떤 것이 되어야 할 필요는 없어요."

　나의 말은 지금 생각해도 무척 싱거웠고 그 학생의 질문에 대답을 회피하려는 것처럼 느껴지기도 한다. 하지만 누군가의 기대대로 살지 못할까 봐 두려워하는 그 학생에게 조금은 숨 쉴 수 있는 공간을 만들어주고 싶었다. 그녀의 삶의 역사를 보자면 상담사인 나의 아주 작은 긍정의 강화, 혹은 부정의 반응에도 민감하게 반응할 학생이었기 때문이다. 빠른 결정보다는 충분한 시간을 갖고 내린 결정이 좋다. 속도보다는 방향이 중요하다고 하지 않는가? 아직 결정을 내리지 못했다면 너무 자학하지 말고 불안한 것은 무엇인지, 두려워하는 것은 무엇인지, 왜 움직일 수 없는지 그대로 머물러보는 것도 나쁘지 않다. 큰 파도를 스스로 넘어가는 연습을 하다 보면 나중에는 좀 더 쉬워질 것이기 때문이다.

타인의 평가에 대한 민감함, 타인이 바라는 사람으로 나 자신을 변화시키려고 애쓰는 것, 스스로 내리는 내적인 평가, 그리고 과도한 처벌적 초자아는 과감한 탐색을 가로막는 역할을 하기도 한다. 타인의 눈을 통해 나를 보고 타인의 기대에 충족되고 싶다는 간절한 욕구는 충족되지 못했을 때 사랑받지 못할 거라는 불안이 자기 자신이 되는 것을 방해하기 때문이다. 이런 불안감이 너무나 만연하기에 『미움받을 용기』가 초베스트셀러가 된 것 아닐까 짐작해본다. 쥐가 고양이가 되었다가 다시 호랑이가 되고 그 후에 결국은 쥐가 된다는 이야기는 내면의 마음이 변화해야 좀 더 나은 존재로 변모할 수 있다는 이야기이다. 하지만 그만큼 변화가 힘들다는 이야기이기도 하다.

천천히 가도 괜찮다. 옳은 방향을 찾기 바란다.

책임감 있는 선택이
삶의 질을
좌우한다

얼마 전 극심한 스트레스로 마음의 병을 얻은 20대 환자가 늘어나고 있다는 뉴스를 보았다. 최근 들어 정신과적 진료를 받아야 하는 청년들의 숫자가 급증하고 있다는 기사에 마음이 무거웠다. 학교 상담실에서 만나는 학생들 중에도 한숨을 자주 쉬거나 가슴이 답답해 잠을 잘 자지 못한다는 증상을 호소하는 이들이 많아졌음을 피부로 느낀다. 심리적인 어려움은 직장을 구하기 힘든 상황에 처한 현실과 그로 인한 스트레스 조절의 어려움, 그리고 감정 조절의 어려움에 기인한다. 상황이 좋아지길 기다리며 막연하게 낙관만 하기에는 고용 상황이 좋지 않다. 통계청이 발표한 고용 동향에 따르면 2018년 5월 기준 청년실업률은 10.7%으로, 외환 위기 이래로 최악의 기록을 나타내고 있다.

이런 통계와 무관하지 않은 것이 OECD 국가를 대상으로 실시하는 삶의 만족도 평가 결과였다. 한국인의 삶 만족도는 6.0점으로, OECD

평균인 6.6점보다 낮은 점수이며 전체 39개국 중 26위에 해당한다. 삶의 만족도 지표도 29.3%(2017년)으로, 2012년 33% 정도에서 계속 하락하고 있다. 더욱이 삶에 대한 가치를 느끼지 못하고 생을 포기하는 자살률은 OECD 회원 국가 중 최고 수준을 보이고 있는데, 10대와 20대, 30대 사망 원인 1위가 자살로 젊은이들이 스스로 목숨을 끊고 사망하는 것이 교통사고나 질병으로 인한 사망보다 높은 비율을 차지하고 있다(통계청. 2017). 이러한 결과는 한국인의 삶, 특히 20대의 삶에 관심이 필요하며 이들의 삶의 만족도를 높이기 위한 노력이 필요함을 시사한다. 삶의 만족도는 개인이 자신의 삶에 대해 총체적이고 포괄적으로 만족하는 정도를 의미하며 삶의 질에 대한 주관적인 측면을 삶의 만족도의 측면에서 살펴보기도 하기에 최근 더욱 주목하는 개념이다.

심리적으로 어려움을 호소하는 대학생들을 만나 진로상담을 하다보면 진로결정의 문제를 다루기 앞서서 삶의 의미와 가치에 대한 논의가 더 중요한 경우를 자주 만나게 된다. 삶에 대한 총체적인 회의감, 그리고 자기 삶에 대한 무가치감을 가진 채 탐색하는 대안들은 무의미한 경우가 많기 때문이다.

이들 대학생의 시기는 발달단계상 후기 청소년기와 초기 성인기에 해당하는 시기로 내가 누구인지 스스로에 대한 정체감을 확립하고 능동적이고 적극적으로 삶을 구성하며 새로운 삶의 목표를 세우고 행복한 미래를 설계해야 할 발달 과업이 있다. 대학생들은 향후 갖고 싶은 직업을 위해 준비하고 진로선택에 관심을 기울이며 진로발달을 이루어나간다. 이 과정에는 학창 시절의 경험이나 주변 사람들을 관찰한 결과, 혹은 부모나 친구, 교사와 같이 중요한 타인들을 통한 직간접적 경험, 어린 시절 읽었던 책이나 보았던 드라마나 영화와 같이 상상력과 환상을 자극하는 다양한 요소에 영향을 받는다.

Super(1953)는 대학생 시기란 성인 초기 전환기로 직업과 직업 세계에 대해 더 많은 지식을 가지게 되고 직업에 대한 생각이 보다 구체화되는 시기라 칭하였다. 이어지는 단계에서 이들은 한두 개의 직업을 선정해 실제 시험해보고, 이 경험을 통해 직업 선택을 확고히 하거나 다른 직업으로 전환하는 등의 단계로 나아가게 된다. 대학생 시기는 현실적으로 직업을 선택하기 위해 구체적으로 탐색하고 세부적인 계획을 세우는 단계이기 때문에 진로나 직업 선택에 대한 고민이 많을 수밖에 없다. 이론적으로는 이런 발달의 단계가 자연스럽게 이행되어야 하지만 현실에서는 취업난과 일자리의 부족으로 탐색을 위한 기회조차 갖기 어려운 것이 매우 안타깝다.

입직 준비엔 많은 노력이 필요하며 공부하는 기간이 길어질수록 일을 탐색하는 시간이 길어지고, 또한 의미 있는 일을 찾고자 하는 열망이 늘어나는 것으로 볼 수 있는 반면 실제 일 경험이 없기 때문에 현실적인 목표 수립에 어려움을 겪을 수밖에 없다. 이상과 현실의 괴리가 크고 할 수 있는 것과 할 수 없는 것을 구분하기가 어려우며 바라는 것과 바라지 않는 것이 무엇인지 판단하는 일도 어렵다. 그만큼 청년들을 위한 진로상담이 중요해진다. 진로선택에서 일의 의미나 목적의 추구가 청년들에게 중요한 부분인데 자신에게 적합한 분야를 발견하는 것부터 매우 어려우니… 삶의 만족도가 낮아진다. 고시낭인, 공시낭인 등의 단어는 이런 세태를 반영하는 씁쓸한 신조어라 생각한다.

무턱대로 어디든 들어가고 보자는 발상도 위험하다. 절박함을 모르지는 않지만 자신에 대한 탐색을 빼놓고 행한 진로의사 결정이 불행한 직장생활, 더 나아가 불행한 삶으로 이어지는 과정이 될 수 있다. 이러한 진로선택의 어려움의 시기에는 삶의 목적과 일의 의미에 대해서 신중하게 탐색할 필요가 있다. 이를 위해 일에 목적과 의미를 부여하는 하나의 가치로서 진로를 이해하는 새로운 패러다임으로 주목받는 개념이 바로 진로소명(Calling and Vocation)이다. 최근에는 자신의 일에 대해 개인적으로 충만하게 느끼거나 사회적으로 헌신하도록 이끄는 진로소명이 중요하게 여겨지고 있다.

진로소명(Calling)이란 개인이 자신의 일에 대하여 사회에 이로울 수 있을지를 염두에 두면서 삶의 의미와 목적의식을 부여하여 동기화시키는 것이다(Dik & Duffy, 2009). 본래 소명은 기독교적 의미에서 어떤 일을 하기 위해 신의 부름을 받았다는 뜻에서 출발하였으나(Davidson & Caddell, 1994), 현대에는 종교적인 의미를 뛰어넘어 일에 대한 개인의 충만감, 목적의식 등을 의미하게 되었다. 소명은 삶의 의미와 목적을 부여하며 자신이 하고 있는 일이 사회에 기여할 수 있다는 인식을 가질 수 있게 해준다.

Dik과 Duffy(2009)는 진로소명을 세 가지의 하위 요인으로 구분하였는데 자기를 넘어서는 외적 자원(종교, 가족, 사회의 기대 및 요구, 운명)에서 자신의 역할이 기원했다고 자각하는 '초월적 부름(transcend summons)', 일과 관련된 자신의 행동에 더 넓은 삶의 의미, 목적을 연결시켜 자각하는 '목적/의미(purpose/meaning)', 타인지향적인 가치나 목표를 동기의 주요한 원천으로 지니는 '친사회적 지향(prosocial orientation)'이 하위 차원이다.

진로소명과 삶의 만족도 간 관계를 살펴본 여러 연구들은 진로소명이 삶의 만족도를 유의하게 예측한다고 설명하고 있다. 자신의 일에 소명을 가지고 일하는 직장인들은 삶의 만족도가 높았을 뿐만 아니라 일에서 의미를 찾는 사람들은 직업에서도 높은 만족도를 보여주었고 더 적은 직업 스트레스를 보이며 수행이 좋고 근무 기간이 더 길었다(Claes & Ruiz Quintanilla, 1994; Mottaz, 1985). Duffy와 Sedlacek(2007)는 소명을 지닌 대학생들은 자신이 가진 흥미와 능력을 잘 알고 있으며 진로결정에서 편안함을 느끼며 자신의 진로에 확신을 가지고 있다고 보고하였다. 또한 진로소명은 진로선택이나 직업 선택에서 성공적인 적응을 예측하는 중요한 요소가 된다.

일에서 목적과 의미를 추구하려는 열망이 진로결정 과정에 많은 영향을 줄뿐더러 나아가 긍정적인 일 수행, 직업 만족, 안녕감과 같은 변인에 영향을 미친다는 연구 결과들(Isaksen, 2000; Wrzesniewski & Dutton, 2001)은 일에서 의미를 추구하는 것이 긍정적인 진로결정에 중요함을 나타내고 있다. 소명(calling)이란 직업적 활동에서 삶의 의미와 목적을 부여하게 하고 자신의 일이 사회에 기여할 수 있음을 인식하도록 함으로써 특정 직업을 선택하게 할 뿐 아니라 자신의 일이나 업무를 소명으로서 재구조화하여 수행할 수 있도록 하는 데 기여한다. 다시 말해 소명은 개인이나 사회에 유익을 제공하여 개인적 성취감을 가져다주고, 종국엔 개인의 삶의 목적과 의미로 자리매김 된다는 것이다.

우리나라 대학생들은 심각한 취업난에 시달리고 있으며 그로 인해 대학 입학 시 전공을 선택하는 과정에서 자신이 가진 흥미나 적성에 대한 이해 없이 진학을 결정한다. 국내 현실에서는 고등학교에서 대학을 진학할 때 충분한 진로탐색을 거쳐 자신의 학과를 결정하고 진학을 한 경우보다 대학에 들어온 뒤 진로를 결정하는 경우가 많다 보니 대학에 왔어도 상당수의 학생들은 불안한 미래와 전공학과에 대한 불만족으로 부적응을 겪거나 이로 인한 학업의 어려움에 직면하고 나아가서 취업에도 어려움을 겪게 된다.

미래에 대한 희망을 품고 학업에 열중하며 자신의 꿈을 향해 매진해야 할 청년기에 무엇을 위해 노력해야 하는가 하는 근원적인 회의감에 휩싸인 청년들의 문제는 대학 입학 후에도 자신의 성향과 전공의 불일치, 전공학과의 불투명한 취업 전망 등으로 자신의 전공에 대한 적응을 힘들게 하는 것이다.

어느 구인구직 포털 사이트에서 대학생을 대상으로 직업 선택 시 가장 중요한 기준을 묻는 설문조사를 실시한 결과, 남학생의 경우 30.7%가 소득을 기준으로 직업을 선택할 것이라고 답하였고, 남녀를 불문하고 23.1%가 안정성을 가장 중요하게 생각한다고 답하였다. 자신의 진로소명을 이해하고 그에 따라 직업을 선택한다기보다는 소득이 많은 직업, 더 안정적인 직업을 선택하고 있는 것이다.

대학생 시기에는 구체적인 탐색을 하고, 세부적인 계획을 세우는 단계(Super, 1953)이기 때문에 자신의 일과 삶의 의미에 대해서 깊게 고민해보고 자신의 삶을 설계해보았으면 한다. 소명의식이 있는 사람들은 일을 도구적으로 보지 않고, 그 자체에 의미를 부여할 것이기 때문이다. 일에서 의미를 찾는 사람들은 재정 보상에 관계없이 직무에 만족을 느낀다는(King, Miles, & Day, 1993) 연구 결과들도 이러한 논의들을 뒷받침한다. 더군다나 자신이 선택한 진로에 대해 소명을 가지고 있는 사람들은 진로결정과 관련된 과제들을 잘 수행할 수 있을 것이라는 점에서 대학생들의 진로상담에서 진로소명을 중요하게 다루어야 하는 이유를 찾을 수 있다.

개인의 삶에서 중요한 부분이 무엇이고 어떤 진로결정을 하느냐에 따라 삶의 전반적인 만족도가 영향을 받을 수 있다. 특히, 대학 시절은 사회에 첫발을 내딛는 중요한 시기이기에 대학생들을 대상으로 한 진로상담에서 진로소명을 깊게 다루었으면 한다. 이미 국외에서는 Dik과 Steger(2008)가 대학생들을 대상으로 소명을 초점으로 두고 진로상담을 실시하고 그 효과를 분석한 결과가 있다. 연구 결과, 소명초점 진로결정 상담을 통해 소명을 갖게 된 학생들이 진로결정 자기효능감이 높았고, 일을 하는 데 있어 내재적 동기를 가지며, 나아가 자신의 삶에서도 만족감을 보고한 바 있다. 이는 개인상담 장면뿐만 아니라 대학생 집단 셀

프코칭 등과 같은 집단상담에서도 활용할 수 있는데, 집단상담 회기 중 자신이 가지고 있는 진로소명에 대해 탐색하고 구체화시키면 취업준비 단계에 있는 대학생들의 삶의 만족도를 높여 더 건강한 삶을 살 수 있도록 도울 수 있을 것이다.

계획을 통한
견고한
경험

외국에서 영어를 전공한 가은 씨는 귀국하여 멋진 커리어우먼이 되겠다는 큰 꿈이 있었다. 국내 사립대학을 졸업하고 테솔대학원에 진학했지만 대학원에서 배우는 내용은 가은 씨의 기대에 미치지 못하였다. 대학원에 다니는 사람들은 대부분 외국어를 모국어로 사용하는 사람들이 아니었기 때문에 가은 씨가 기대하는 수준의 영어 실력도 없었을뿐더러 국내에서 공부하고 졸업 후 나아갈 수 있는 곳이 영어 전문 학원이나 초등학교 등 가은 씨가 꿈꾸는 원대한 목표에는 부족한 감이 없지 않았다. 가은 씨는 아버지를 졸라 영국 유학을 떠났고 그곳에서 3년 넘게 테솔을 공부하고 귀국하였다. 영국에서 공부했다는 자신감과 자부심은 가은 씨가 그만한 투자를 할만했다는 마음을 갖게 해주었고 영어에 대한 자심감도 불어 넣어주었다.

이제 외국에서 돌아왔으니 꽤 괜찮은 일자리가 있을 것이라고 기대를 하었다. 비싼 학비를 들여 자격증도 땄고 대학원 학위도 있으니, 남들도 그만한 대우를 해줄 것이라고. 하지만 취업을 위해 몇 군데 회사를 지원해보아도 영어교육 관련 업체를 제외하고는 가은 씨를 받아주는 곳이 별로 없었다. 영어를 잘하니 외국어를 많이 사용하고 TV에서 보는 것처럼 외국바이어들과 만나 계약도 체결하는 멋진 커리어우먼을 꿈꾸었는데, 외국 대학원을 마치고 돌아와도 그럴듯한 자리에 취업조차 어렵다는 현실이 믿기지 않았다.

친구들은 벌써 직장 3~4년차가 되어가고 있는데 조바심도 나고, 계속 집에만 있을 수 없어 우선은 취업을 했다. 취업한 회사는 업무 중에 영어를 거의 사용하지 않았다. 가은 씨가 맡은 업무는 회원들을 관리하고 광고회사를 섭외하는 일이 주가 되는 회사로, 냉정하게 말하면 3년의 유학생활을 하지 않았어도 얼마든지 입사할 수 있는 곳이었다. 외국 유학의 경력과 커리어우먼의 꿈은 아무런 의미가 없어졌다. 가은 씨는 굉장히 큰 충격과 진로 고민에 휩싸였다.

가은 씨는 국내 대학원이 기대에 미치지 못한다는 판단에 유학을 다녀오는 열정까지 발휘하였지만 결정적으로는 머릿속에서만 미래의 진로를 그려나갔던 실수를 범했던 것이다. 유학을 결정하기 전에 자신에 대해서 좀 더 깊이 생각해보고 관련 분야에서 아르바이트라도 해보았더라면 하는 아쉬움이 있었지만 지금 와서 어쩔 수 없는 일이었다.

무엇을 하고 싶은지, 나는 어떤 사람인지, 그리고 실제 관심이 있는 분야의 일은 어떤 식으로 이루어지는지 한두 번이라도 경험을 통해 자신의 커리어에 대한 구체적인 그림을 그려보았다면 얼마나 좋았을까. 안타까운 마음이 일었다. 이미 시간과 돈을 많이 쏟아부은 뒤라 후회해도 소용이 없는 일이었지만 가은 씨가 가진 일에 대한 환상과 기대는 현실과 너무 달라 힘든 상황이었다. 테솔 자격증 취득이 더 고상한 직업을 담보할 수 있다는 이분법적인 사고방식, 진로에 대한 잘못된 기대를 비판적 성찰 없이 받아들이고 내면화하여 성장해버린 것이다.

Dewey(1938)는 모든 경험은 선행되는 경험들로부터 무엇인가를 받아들이며, 동시에 후속하는 경험들의 특성을 자신이 바라는 방식으로 점차 바꾸어나가는 것이라고 하였다. 이는 단편적인 경험들이 아니라 위계적으로 잘 조직된 경험이라야 의미 있는 경험으로 규정할 수 있으며 단순히 무엇을 하느냐보다는 경험을 통해 더 나은 지식을 창출하기 위해 자기 자신을 성찰하고 변화시키는 것이 중요하다는 의미이다.

이러한 개념을 발전시킨 Kolb(1984)는 단지 구체적인 경험이나 학습활동 그 자체만으로는 일상생활에 그다지 유용하지 않지만 반성적 성찰, 추상적 구체화, 능동적 실험이라는 지적인 순환 과정을 거친다면 더 나은 경험을 이끄는 학습의 고리가 이루어질 수 있다고 생각하였다. 경험을 통해 더 나은 선택지를 발견하기 위해서는 성찰 과정이 중요하다. 경험은 우리의 환경과의 접점에서 형성되는 구체적인 사건과 과정이고 성찰은 이 과정에 개입하는 의식적 노력이다. 경험에 관해서 많은 연구를 한 학자들은 성찰의 중요성을 특히 강조하였다.

Kolb는 경험학습이 이루어지는 과정을 개인적 수준에서 네 단계로 설명하였는데,

1. 구체적 경험의 단계

일상의 구체적 맥락에서 접하게 되는 문제적 상황을 인식한다. 이는 일상 속에서 예상하지 못했거나 이례적인 사건을 접하면서 경험하는 신체적, 심리적 불편함으로부터 학습이 시작된다.

2. 반성적 관찰의 단계

구체적 경험에 대해서 사람들은 다양한 성찰활동을 수행한다. 반성적 관찰을 통해서 개인은 문제에 내포된 의미들을 독자적으로 해석하려는 노력을 기울인다.

3. 추상적 개념화의 단계

반성적 관찰을 통해서 획득한 결과, 원리들을 정리한다. 여기서는 구체적 경험에 내포되어 있는 일반적 수준에서의 지식, 원리, 가정을 도출하게 된다.

4. 능동적 실행 단계

추상적 개념화를 통해서 추출된 원리나 가정을 실제로 적용하여 문

제를 해결하거나 이해하려는 시도를 수행하는 과정을 말한다.

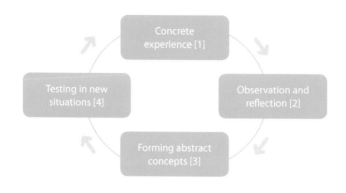

그림에서 보는 바와 같이 능동적 실행 단계를 통해서 학습자가 시도하는 새로운 활동은 다시 개인에게 구체적인 경험이 된다. Kolb는 이러한 네 가지 과정이 순차적으로 이루어진다고 설명하였다. 예를 들어, 신입사원들에게 현장 연수(구체적 경험)를 실시할 경우, 연수에 대한 일지 혹은 보고서(반성적 성찰)를 요구하면 사람들은 직장으로 돌아와서 결론을 도출하기 전에 추가적인 자료들을 모으거나 현장에서 발견한 의미들을 돌아보면서 이야기를 나누고 숙고하게 된다(추상적 개념화). 그런 다음에는 새로이 설정된 가설을 검증하기 위해 또 다른 연수를 받거나 다른 사례들을 찾아보며 새로운 시도를 수행하게 된다(능동적 실험). 그리하여 신입사원들은 연수를 통해 자신에게 도움이 되는 지식을 획득하게 된다.

Kolb의 모델에서는 반성적 성찰을 학습의 기초로 보았다. 다시 말하면 단지 구체적인 경험이 많다거나 종류가 다양하다고 해서 그 자체만으로는 크게 유용하지 않다는 것이다. 경험이 학습 과정이 되려면 신중하게 선택된 경험들이 반성적 성찰, 비판적 분석, 종합적 사고, 능동적 실험 등이 순차적으로 이루어질 때 그 의미를 갖게 된다. Kolb는 추상적 개념을 깊이 있는 학습(deep learning)이라 하였으며, 깊이 있는 학습은 정확한 원리 및 본질적인 의미를 파악하고, 사실과 느낌을 이해하며, 이전에 획득된 지식과 통합을 이루는 것으로 개념화하였다. 반면, 피상적인 학습은 기계적인 암기학습이나 단지 시험을 보기 위해 공부를 하는 등의 학습을 의미한다. 무엇인가를 학습하기 위해서는 배우고 익히는 것이 모두 요구된다. 그러니 우리는 이러한 성찰의 과정을 통해 더 나은 이해에 도달할 수 있다.

단지 많은 경험을 하는 것만이 능사는 아니다. 경험은 굉장히 많은데 자신의 진로문제에는 그다지 도움이 되지 않는 방식으로 살아가는 사람들을 종종 볼 수 있다. 이들은 남들이 살면서 한 번도 겪지 않을 경험을 하고 색다르고 독특한 경험을 가졌지만 자신의 경험을 성찰하는 힘이 부족하여 경험으로부터 배우지 못하고 계속 비슷한 경험에 매몰되거나 의미 없는 경험에 자신의 인생을 허비하기도 한다. 어떤 행위이든 경험 이후에는 자신을 돌아보고 그 경험이 나에게 어떤 의미를 주는지 생각해보는 과정이 필요하다.

상담실에서 진로상담을 하다 보면 내게 맞는 진로가 무엇인지 모르겠다고 찾아오는 사람들이 무척 많다. 그럴 때마다 나는 비슷한 질문을 하는데, "진로를 찾기 위해서 어떤 노력을 하셨나요?" 혹은 "어떤 경험을 해보셨나요?"라고 묻는다. 그러면 많은 이들이 멍한 표정으로 나를 쳐다본다. "글쎄요…. 저는 제 진로를 찾기 위해서 그다지 어떤 노력은 하지는 않았는데요…."라고 하며 말꼬리를 흐리고 만다. 아마도 해본 노력의 대부분은 머릿속에서 이리저리 생각해본 것이 전부일 것이다. 진로는 머릿속에서 궁리하고, 시나리오를 가정하여 그리면 되는 것으로 생각하기 때문이다.

머릿속에서 아무리 수많은 상상을 하고 여러 가지 옵션을 예측해보고 가능성을 타진해보아도 실제 현장을 매우 다를 수 있다. 특히 미술을 하면 먹고살기 어렵다든가, 국문학을 하면 취업에 불리하다든가, 심리학을 하면 대학원은 꼭 가야 한다거나 하는 선입견 속에 빠져 있다면 경험이 없는 상황에 앞부분에서 언급한 비합리적인 사고의 많은 상황에 놓이게 된다. 이렇게 되면 자신에게 맞는 진로를 찾는 길에서 점점 멀어질 수밖에 없다.

경험은 또 다른 경험을 낳고 경험은 우리 자신에 대한 더 나은 이해로 이끈다. 왜냐하면 경험을 통해 우리는 배우는 방법에 관해 배우고(Learning how to learn), 삶에 대해 배우며(Learning about life), 경력에 관해 배우고(Learning about careers), 자신에 관해 배울 수 있기 때문이다(Learning about themselves). 또한 책임감이 있는 사람이 되는 것에 대해 배우고(Learning to be responsible), 다른 사람에 대해 배우며(Learning about others), 행함을 통해 배움으로써(Learning by doing) 성장할 기회를 얻게 된다.

○ 배우는 방법에 관한 학습(Learning how to learn)

경험은 계속적인 성장과 학습의 세계에 들어가기에 적합한 자신감을 갖게끔 만들어준다. 경험을 통해서 사람들은 지식이 실세계와 통합되는 과정을 보기 시작하고, 경험 안에서 자신이 가진 기초적인 지식을 적용하는 방법과 또 다른 정보가 필요할 때 어디서 구해야 할지를 배우게 된다.

○ 삶에 관한 학습(Learning about life)

경험을 통해서 사람들은 매일의 경험(everyday experience)이나 다양한 사람들과 접촉할 수 있다. 다양한 사람들을 만나고 그들의 요구를 통해 세상을 보는 시야가 확대되고 자신의 삶에 대해서도 더 넓은 조망을 확보하게 된다.

○ 경력에 관한 학습(Learning about Careers)

경력개발이란, 넓은 의미로 '무엇을 하며 어떻게 살 것인가?'이다. 이러한 영역에서의 결정은 다른 많은 질문(예를 들어, 얼마나 많은 교육이 필요할 것인가? 나에게는 어떤 관계가 필요한가? 나는 직업에서 어떤 의미를 추구하는가? 무엇이 나를 만족하게 하는가? 향후 어떤 기술을 개발해야 하는가?)을 일으킨다.

경험을 통해서 사람들은 저마다 경력상의 중대한 결정의 순간을 배울 수 있고, 계속해서 경력과 관련된 의사 결정을 수행하며 자신에 관한 사실과 타협할 수 있다. 앞의 사례에서 제시된 가은 씨의 경우 나는 '내가 원하는 직장에서 직무를 수행하기 위해 유학생활에 비용과 시간을 투자하기를 원하고 있는가?'를 두고 타협하는 것이다. 선행된 경험 학습이 없었기에 안타까운 부분도 있었지만 가은 씨는 특히 자신의 경력에 대한 새로운 학습을 하였다는 측면에서 큰 의미를 가질 수 있다. 아마도 가은 씨는 위기를 경험하면서 새로운 전환점을 찾고 새로운 학습을 시작할 수 있을 것이다.

○ 자기 자신에 관한 학습(Learning about themselves)

경험은 자신의 강점과 약점에 대한 이해력을 바탕으로 자신감을 얻을 수 있는 상황에 개인들을 위치함으로써 자기명확성을 높이는 데 도움을 준다.

○ 책임감이 있는 사람이 되는 것에 관한 학습(Learning to be responsible)

경험을 통해 진로에 대한 책임이 직접적으로 개인에 있다는 점을 학습한다. 각자 자신이 계획하여 의사를 결정하고 협상하고 평가한 진로설계에 따라서 실행해보는 것을 배운다.

○ 다른 사람에 관한 학습(Learning about others)

경험은 사람들이 속해 있는 사회를 교실로 만들어준다. 사회를 교실로 이용할 수 있는 사람들은 일반적인 교육 프로그램보다 훨씬 다양한 사람들과 접촉할 수 있다. 다른 사람들이 보유한 지식을 공유하고 상호작용함으로써 만족스런 삶을 구성해나갈 수 있다.

○ 행함을 통한 학습(Learning by doing)

단순히 교실에서 이론을 배우는 것보다 직접 수행해보면서 진로와 관련된 문제 해결에 적용한다. 경험은 모든 지각적인 경험을 이용한다. 경험이 주는 성찰의 시간은 성장을 위한 밑거름이 된다. 진로를 꿈꾼다

면 인생을 조금 더 긴 안목으로 바라보면서 경험에 뛰어들어보라. 혹시
나 잘못된 길임을 알게 된다 해도 섣부른 진로결정 전, 경험의 단계에
서는 하나의 성찰로 볼 수 있으며 잘못된 길이라 여겼던 경험이 알맞은
곳에 꼭 필요한 경험이 되기도 한다.

Chapter

4

진로는
언제든 바뀔 수 있다

진로를 선택하고, 특정한 직업을 성취한다 해서 진로활동이 끝나는 것은 아니다. 인생을 살아가면서 우리는 다양한 환경을 맞이하게 되고, 그것을 극복하고 성취해가는 것이 바로 자기관리이다. 외부 요인에 의해 진로에 변화를 맞이할 수도 있으며 인생에서 자기역할이 변화하면서 진로에 영향을 미치는 경우도 있다. 긍정적인 정서로 유연하게 대처하고 관리하는 것이 바로 진로발달의 한 과정이다.

'취업을 위해 작명소나 점집을 찾아 이름까지 바꾼다.'

일전 모 일간지에 취업난이 계속되면서 취업을 위해 개명 신청을 하는 20~30대가 늘고 있다는 기사를 보았다. 가정법원 관계자에 따르면 개명 신청자의 30%가 취업과 관련해서 이름을 바꾼다는 것이다. 운명이라도 좋게 하여 자신의 진로문제를 해결하고자 고군분투하는 청년들의 삶이 신산스러워 내 마음도 무거웠다. 진로문제에 모두의 관심이 쏠리는 이때에 진로를 다루는 일을 하는 나는 종종 많은 질문을 받는다.

"어떻게 해서 커리어 관련 일을 하시게 되셨어요? 특별한 계기가 있으셨나요?"

"전공을 바꾸신 걸로 아는데 심리학을 선택할 때 갈등은 없었나요?"

"공대도 하시고 심리학도 하셨으니 진정 융합이시네요…?"

이런 질문을 받을 때마다 스스로에게 자문자답해본다. 내가 지금과 같은 일을 하기 위해 준비했던 것은 무엇이었나? 이 길로 걸어오도록 작용한 것은 무엇인가? 의도된 것인가? 내가 목표로 했던 것인가? 대답은 물론 '노'이다. 내 인생에서 대부분의 중요한 진로상의 변곡점은 아주 우연한 기회에 우연한 만남을 통해 이루어진 일들이었다. 각오를 하고 목표를 설정하여 진로를 모색한 것도 아니고, 지금 하는 일이 어린 시절 꿈꿔왔던 직업도 아니었다. 아쉽지만 꿈도 별반 없었고 뭘 해야 할지 방향성도 없었다. 특별한 진로를 계획해서 밟아온 것도 아니고 롤모델이 있었던 것도 아니다. 심리검사를 했던 것도 아니고 진로상담을 받았던 것도 아니다. 돌이켜 보면 그때의 나는 진로성숙도가 무척 낮았다. 진로지도라는 말도 스물다섯 살에야 처음 들어보았으니 말이다. 20대와 30대의 방황 속에서 헤매고 헤매다 우연히 이 자리에 있게 되었을 뿐이다. 반드시 명확한 꿈이 있어야 한다거나 진로목표가 구체적이어야 하는 것만도 아닌 듯싶다.

그래서인지 크롬볼츠(John D. Krumboltz)의 '계획된 우연' 이론은 언제나 너무나 매력적이고 주목을 끈다. 그는 진로선택의 많은 부분이 운(furtune)에 달려 있다고 한다. '운'이라는 단어가 진로 관련 연구에서 등장하자 많은 사람들이 적잖은 충격을 받았다. 학습이론가인 그가 내놓은 견해가 기존의 진로이론들과는 너무나 달랐기 때문이고 학자의 이야기라고 하기에는 무척 신비스럽기까지 했기 때문이다. 노학자가 말년에 이르러 이상한? 쪽으로 간 게 아니냐는 억측이 나돌기도 하였다니 이 이론이 처음 알려졌을 때 학계의 충격은 이만저만 큰 것이 아니었다.

그러나 여기에서 말하는 운(fortune)이라는 것이 무엇인지 조금은 자세히 살펴볼 필요가 있다. 왜냐하면 진로탐색에서 운이 우리의 진로를 결정한다면 우리가 주도적으로 할 수 있는 것은 전혀 없다는 말로 오해될 소지가 있기 때문이다. 진로설계에서 운의 영향이 70% 이상이라면 운이 좋아질 방법을 찾는 수밖에 스스로가 할 일이란 거의 없지 않은가? 하지만 진로문제에서 운이 전혀 영향을 미치지 않는 것도 아니다. (그래서 진로문제가 있을 때마다 많은 이들이 점집을 찾아가고 타로를 보는 걸까 싶기도 하다.)

학습이론가인 크롬볼츠는 진로선택과 진로발달을 학습될 수 있는 행동이라는 관점으로 보았다. 특히 그는 인간이 살아가면서 만나게 되는 다양한 우연적 사건(happenstance)이 개인의 진로에 미치는 영향에 주목하였다. 한 개인의 진로발달 과정에는 예상하지 않았던 일들이 일어날 수밖에 없고, 이러한 우연은 진로에 긍정적으로 작용하기도 하고 부정적으로 작용하기도 한다. 이 '우연히' 발생한 일이 진로에 긍정적으로 작용하는 경우가 '계획된 우연'이다.

진로상담사의 중요한 역할은 내담자가 자신에 대해서 탐색을 하도록 격려하고 새로운 기술을 가르쳐 경험을 통한 새로운 학습을 촉진하도록 돕는 것이다. 진로상담에 관한 사회학습 이론은 '행동은 타고난 정신 과정을 통해서가 아니라 학습 경험을 통해 나타난 것으로 이해해야 한다'는 가정에 기초하고 있다. 또한 학습 이론은 인간을 환경에 의해 수동적으로 통제당하는 존재라기보다는 스스로 환경을 통제하기 위해 분투하는 지적인 문제해결자라고 본다.

이 이론을 통한 진로상담의 목표를 '끊임없이 변화하는 직업 환경 속에서 내담자가 스스로 자신의 삶을 충족시키기 위해 필요한 기술, 흥미, 신념, 업무 습관, 개인적 자질 등을 학습할 수 있도록 촉진하는 것'이라고 정의했다. 여기에서 중요한 점은 변화하는 직업환경에 대처하기 위해서는 내담자가 계속 새로운 것을 배워나가야 한다는 점이다. 10년 전에 성공했던 방식으로 지금 성공하기는 어렵다. 따라서 상담사는 이전 방식을 고수하려는 내담자에게 새로운 것을 배워 더 잘 적응할 수 있다는 점을 직면시키고 확인시켜야 한다. 특히 21세기에는 불확실성이 오히려 긍정적인 조건이 된다고 보았다. 불확실성이 탐색을 촉진할 수 있고 새로운 학습 기회를 찾아낼 수 있기 때문이다.

실제 진로상담을 찾는 내담자들은 새로운 직업을 찾거나, 직장에서의 대인관계를 개선하고 싶거나, 승진에서 탈락된 억울한 감정을 풀고 싶거나, 가사와 직장 일을 병행할 수 있는 방안을 찾거나, 은퇴 이후를 준비하는 등의 다양한 문제에서 도움받기를 원한다. 진로상담에 관한 학습 이론에서는 이러한 내담자들에게 바로 원하는 것을 알려주기보다는 스스로 학습 과정을 통해 그 답을 발견할 수 있도록 돕는다.

이런 과정을 이해한다면 크롬볼츠가 제안한 '계획된 우연'은 다분히 자신의 행동에 대한 주체성을 강조한 개념으로 약간의 은유적인 표현이라는 생각마저 들게 한다.

우연 학습 이론에서 진로상담의 기본 가정은 다음과 같다.

◦ 진로상담의 목표는 하나의 진로의사 결정을 하도록 돕는 것이 아니라, 내담자가 보다 만족스러운 진로와 인생을 살아가기 위해 행동하는 것을 배우도록 돕는 것이다.

◦ 개인적 특성과 직업 특성을 짝짓기 위해서가 아니라 학습을 촉진하기 위해 진로 관련 심리검사를 활용한다.

◦ 탐색적 활동에 집중하면서 우연히 일어난 일을 유용하게 활용할 수 있다는 점을 알게 된다.

◦ 상담의 성공 여부는 상담실 밖 현실에서 내담자가 무엇을 이루었는가에 달려 있다.

특히 우연 이론에서 말하는 우연을 기회로 만드는 5가지 성격요인에 주목할 필요가 있다. 5가지 요소는 호기심, 낙관성, 융통성, 끈기, 위험감수로 자신에게 오는 우연적인 사건을 어떻게 기회로 만들고 자신에게 필요한 진로설계에 유용하게 활용할 수 있는가를 볼 수 있는 중요한 개인적 속성이다. 운이라는 요소를 마치 외부의 환경에 의해 예측할 수 없이 주어지는 행운으로 오해할 수도 있지만 자신의 성격적 요인과 환경에 대한 자세를 통해서 운은 통제될 수 있으며 기회로 활용될 수도 있음을 시사한다. 또한 학습 이론에서 주장하는 '시도해보고 그 과정에서 배우라'는 대전제를 고려해볼 때에도 우연의 중요성을 최소화할 것이 아니라 진로상담 과정에서 그 중요성을 증가시킬 방법을 인식하고 찾을 것을 고려해야 한다.

Mitchell 외(1999) 몇몇 이론가들은 진로계획에서의 우연에 대해 많은 예를 제시한 후, 진로상담사들에게 다소 급진적 충고를 제시할 수 있음을 말하였다. 그들은 다음과 같이 5가지 제안을 하였다.

○ 계획되지 않은 사건들이 진로에 영향을 미치는 것은 정상적이고 피할 수 없으며 바람직한 것임을 인정하라

○ 진로미결정을 해결해야 할 문제로 생각하지 말고 내담자가 예측할 수 없는 미래의 사건을 기회로 삼을 수 있도록 계획적으로 열려 있는 마음가짐의 상태를 만들라.

○ 계획되지 않은 사건을 새로운 활동으로 시도하고, 새로운 흥미를 발달시키며, 옛 신념에 도전하고 평생 학습을 지속시키기 위한 기회로 활용하도록 내담자를 가르치라.

○ 계획되지 않았지만 유익한 미래의 사건들에 대한 가능성을 더 많이 가질 수 있는 행동을 주도하도록 가르치라.

○ 전 생애 진로 기간 동안 그들이 학습하는 데 지속적인 지지를 제공할 수 있도록 내담자와 함께하라.

우리가 생각의 전환을 통해 우연의 중요성을 최소화할 것이 아니라 진로상담 과정에서 그 중요성을 증가시킬 방법을 인식하고 찾을 것을 제안하고 있다. 우연을 상담에 통합시키기 위하여 우리는 진로계획 방식에 대해 일반적으로 가지고 있는 지혜에 정면으로 도전을 해야 할지

도 모른다. 진로고민에 사로잡힌 사람이라면 위에서 말한 5가지 요소를 다시 한 번 떠올려보았으면 좋겠다.

호기심, 낙관성, 융통성, 끈기, 위험감수. 새로운 것에 대한 관심, 그리고 새로운 방식에 대한 수용, 가보지 않은 길을 선택하여 나아가더라도 잘될 수 있다는 낙관적인 기대, 관행대로 해오던 것으로부터 살짝 다른 방식을 적용해보는 시도, 그리고 금세 좌절하기보다는 어려움이 있을지라도 버텨보려는 태도, 가능성이 담보되지 않은 일이라 할지라도 시도해보는 용기. 이 모든 것들이 새로운 기회를 창조하는 요소로 작용할 수 있다.

확실한 것, 100프로 보장되는 것, 안전한 것, 이미 검증된 것만을 찾아서는 새로운 경험을 초래하기가 무척 어렵다. 나갈까 말까 망설이다 용기 내어 우연히 참석한 저녁 모임에서 내가 계획하려는 일을 10년 이상 해온 전문가를 만날 수 있을지 누가 알겠는가?

우리의 진로에는 운의 요소가 작용한다.

적극적으로 움직이고, 실행해보는 것이 도움이 된다.

이불 밖은 위험하다고 하지만 이불 속에서 아무것도 하지 않고 가만히 앉아 있는 것이 가장 위험한 것인지도 모른다.

불확실한
미래에 대한
초조함

　　해마다 일자리에 대한 뉴스는 우울한 전망을 쏟아내고 있
다. 나와 같은 분야의 사람들이 점점 더 바빠지고 일이 많아진다는 것은
일자리 문제로 힘들어하는 사람들이 그만큼 많아졌다는 반증이기도 하
다. 연일 청년실업과 중장년의 일자리에 관련된 뉴스가 뜨겁다. 역대 최
고, 사상 최대의 청년실업률이라는 헤드라인을 볼 때마다 가슴 한쪽이
답답하고 마음이 무거워진다. 청소년들은 공부에 짓눌려 힘들어 하고
대학에 온 청년들은 보이지 않는 미래에 힘들어 한다. 직장에 다닌다고
해도 적성에 맞지 않는 일, 고된 노동에 힘들어하며, 남들이 알아주는
기업에 다니다가도 어느 날 갑자기 해고되는 현실이 더 이상 우리에게
확실한 미래라는 것은 없다는 사실을 알려주고 있다. 이 불안함을 해결
할 수 있는 방법이 없을까, 좋은 수가 없을까 늘 고민하게 되지만 뾰족
한 방법을 모르겠다. 학교에서 어떻게든지 미래의 경력개발을 위해 기

초를 탄탄하게 준비시켜보려고 백방으로 노력하지만 그마저도 여건이 뒷받침되어야 가능한 일이다.

　대기업의 경쟁률은 천정부지로 높고 일자리는 부족하다. 현실이 이러하니 누군가 대기업이나 공기업에 취업했다 연락이라도 오게 되면 그야말로 축제의 기분이 된다. 살기가 이만큼 어렵다 보니 안정적인 직장에 대한 열망은 높아지고 공기업이나 대기업에 대한 희망은 늘어난다. 시대가 불확실하니 안정적인 직장에 대한 욕구는 더 높아진다. 역설적인 상황이다. 확실한 것이 없다고 하니 모든 것이 다 변하고 요동치더라도 변화하지 않을 일자리-공기업이나 공무원과 같은 확실한 일자리-를 더더욱 희망하게 된다.

　우리 사회가 갖고 있는 안정망에 대한 불신도 이러한 안정적인 일자리에 대한 열망에 부채질을 한다. 실패를 용인하지 않는 사회, 타인과의 비교가 일상이 된 사회에서는 어떻게 해서든 공기업이나 이름 있는 대기업에 들어가거나 공무원, 교사, 전문직이 되는 것이 최소한의 안정망을 확보할 수 있는 길이라는 기대가 있는 것이다. 늦더라도 확실한 것이기에 오늘도 우리는 노력한다. 불안은 불편하고, 모호함을 견디기란 쉽지 않다. 불안정은 위협이라 여겨지기도 한다. 오로지 확실한 것, 그것을 위해 모든 것을 참고 견디며 인내하려고 노력할 수밖에 없는 노릇이다. 하지만 안정된 직장에 들어가면 그걸로 끝일까? 안심해도 되는 걸까? 갑작스런 경영환경의 악화나 조직개편 등의 이슈는 상시로 일어난다. 회사 역시 경쟁에서 우위를 점하려면 기업 입장에서 경영의 환경을 끊임없이 점검해야 한다.

과거에도 상담실에는 많은 사람들이 다녀갔고 진로고민을 호소하는 분들도 있었으나 최근만큼 성인들의 요청이 많았던 적도 없었던 것 같다. 변화무쌍한 일자리의 변화 때문에 너 나 할 것 없이 먹고사는 것이 불안하고 걱정이 많아지는 시대이다. 강의나 상담 과정에서 만나는 모든 분들의 이야기를 듣고 있노라면 이 정도의 경력과 경험을 가진 분들조차 자신에게 적합한 일을 찾을 수 없다니 정녕 괜찮은 일자리란 것은 없는 걸까? 한숨이 나올 때도 있다. 이렇게 일자리를 구하기 힘든 시절에 과연 어떤 조력이 도움이 될 것인가? 이는 나에게 가장 큰 숙제이고 해결해야 할 과제이다. 당장에 일할 곳을 알선하는 것? 혹은 충분히 이야기를 들어주는 것? 천천히 갈 수 있도록 위로와 공감을 하는 것? 정확한 정보를 제공하는 것? 아마도 그 모든 것이어야 할 것이다.

특히 성인들의 구직 과정이나 경력전환의 과정에서는 어쩔 수 없는 불안정과 모호함이 수반된다. 물론 첫 직장을 구하려는 청년들도 마찬가지이지만 가정을 책임지는 가장으로서의 책임감이 있는 경우에는 이 불안정과 모호함이 견디기 힘들고 그만큼 더 괴롭다. 아무것도 결정된 것이 없는 상태가 주는 불확실성은 그 자체로 위협이고 두려움이다.

이 과정에서 많은 성인들은 자기 비하나 우울, 분노나 소외감, 열등감이나 자존감 하락을 경험한다. '내가 이 정도밖에 안 되었나' 하는 좌절감과 세상에 대한 원망, 평생 노력한 회사가 나이 들었다는 이유로 나를 내보냈다는 분노감에 우울감을 호소하기도 한다. 어떻게 해야 할지 방법을 모르겠는데 혼자서 해결해야 할 짐은 너무나 많아 괴롭기만 하다.

며칠 전, 20년간 다니던 회사에서 나와 지난 7년간 프랜차이즈 사업을 하다 폐업을 한 지환 씨를 만났다. 20년 동안 한 직장에서 회계 일만 하던 분이었으나 재취업도 쉽지 않고 어차피 나이 먹으면 오래 다니지 못하고 또다시 나와야 할 것 같아서 아예 '내 가게'를 갖기 위해 당시 꽤 잘나가던 프랜차이즈 식당을 시작하였다. 한때 반짝 경기가 좋긴 했지만 금세 인기가 시들해지면서 잘나가던 식당도 어려워졌다. 지난 2년간은 그야말로 버티고 버티는 시간이었노라 담담히 말씀하셨다. 이번이 '마지막이다'라고 생각하며 새로운 일을 알아보고 있다는데 그중 공인중개사 준비는 어떨지 모르겠다며 조용히 말씀을 이어가셨다.

"언제 폐업을 하셨나요?" 물으니 지난 달, 그러니까 채 20일도 되지 않았다고 하신다. 그 짧은 시간에 공인중개사로 방향을 정하고 계신 것이다. 마음이 급하고 불안한 것을 충분히 이해한다. 그간 버티고 버티느라 모아놓은 돈도 없으리라는 것은 묻지 않아도 알 수 있는 사실이었지만 '이게 마지막'이라는 그분의 말이 마음에 걸렸다. 마음이 급하고 '마지막이다' 싶으면 인간의 무한한 잠재력이 나올 수도 있지만 시야가 좁아져서 자신의 생각 속에 갇히게 되기도 한다. 프랜차이즈 사업도 직관적으로 시작했는데 또다시 직관적으로 판단한다면 잘못된 선택이 될 수도 있다.

나이가 50세이건 60세이건 한숨 돌리고 하루 이틀이라도 생각을 점검하고 자신이 잘해낼 수 있는 일인지 고려해보았으면 한다. 당장에 불안을 잠재우려 빠른 결론에 도달하려 하다 보면 올바른 결정이 아님에도 다른 대안을 고려할 수 없기 때문이다. 그래서 나는 바삐 가려는 분들이 있을 때 더더욱 자신을 탐색하는 회기를 의도적으로 많이 잡고 한두 시간이라도 초조함에서 벗어나 자신의 어린 시절의 이야기를 하게 한다거나 중요한 내적 욕구를 탐색하고 성공 경험에 대해 이야기한다. 이 과정은 잊어버린 자신의 강점에 대해 기억하게 하고 그러한 경험을 통한 성취감으로 시야를 확장하고 자신에 대한 효능감을 높이기 위함이다.

최근 긍정심리학에서는 인간의 강점에 주목하고 있다. 특히 직업선택이나 진로탐색에 있어서 이러한 강점의 탐색은 중요하다. 왜냐하면 강점은 빠른 학습과 높은 성취를 예견하는 중요한 인자로 잠재력의 핵심자원이기도 하기 때문이다.

인간의 좋은 성격과 성품을 뜻하는 강점(strength)은 인간의 자기실현과 충만한 삶에 기여하고 그 자체로 긍정적인 평가를 받는 도덕적 가치인 덕목(virtue)과 연결된다는 점에서 긍정적인 특질(positive traits)이다. 또한 강점은 인간을 무한한 잠재력을 가진 가치 있는 존재로 바라보는 시각의 반영이며, 재능과 능력과 비교하여 환경과 노력에 의해 계발되고 발현될 수 있는 것이다. 따라서 강점이란 가치 있는 성과를 위하여 최적의 기능을 할 수 있도록 느끼고, 생각하고, 행동하는 역량이다(Linley &

Harrington, 2006).

인간의 강점은 개인의 행복과 자아실현에 기여하는 바가 있으므로 개인의 삶에서 자신의 강점을 어떻게 발견하고 활용하느냐에 보다 집중할 필요가 있다. 강점에 대한 논의는 40년 전에 Drucker(1967)의 연구와 함께 경영학 문헌에서 나타났으며 갤럽의 연구에서 등장하였다. 심리학 분야에서는 지난 10년간 강점의 평가에 있어서도 큰 성과가 있었는데, 대표적인 강점검사로는 Clifton StrengthsFinder와 VIA강점척도(Peterson & Seligman, 2004)가 있다. Clifton StrengthsFinder는 학업 성과와 직무 성과를 예측해주는 34개의 재능 테마에 기초하고 있으며 VIA강점 척도는 24개의 성격 강점을 측정한다.

강점을 확인하고 발견하며 발전시키는 데 필요한 도구인 Clifton StrengthsFinder는 Donald Clifton과 갤럽에 의해 고안되었다. Clifton은 '재능은 조작적으로 정의되고 연구될 수 있으며 직업이나 교육 장면에서 강조될 수 있을 것'이라고 가정하고 StrengthsFinder를 개발하였다. 그는 강점을 재능의 확장으로 보았는데, 강점이란 한 사람의 재능 및 그와 관련된 지식, 기술, 노력을 결합한 것이며 특정 과제에서 일관되게 완벽에 가까운 수행을 할 수 있게 하는 능력으로 정의될 수 있다고 하였다. Clifton StrengthsFinder는 가장 높은 점수를 받은 다섯 가지 재능, 즉 5가지 대표 테마(Five Signature Themes)에 대한 정보를 제공한다.

VIA(Values in Action, 2004) 강점 분류 체계는 정신과의 진단 및 통계 편람(DSM-5)와는 정반대의 의도로 만들어졌다. Peterson과 Seligman은 오늘

날 우리가 부정적인 심리의 측면에 대해 이야기할 수 있는 언어는 공유하고 있지만 인간의 강점에 대하여 기술하는 용어는 부재함을 지적하며 인간의 강점을 설명하는 용어를 제공하기 위하여 강점 분류 체계를 만들었다.

Peterson과 Seligman 및 동료들은 덕성과 강점을 24개의 강점 목록으로 제시하였으며 이러한 강점들은 시간과 문화를 초월하여 대체로 일관되게 나타나는 것으로 정의하여 6개의 핵심 덕목(지혜 및 지식, 용기, 인간애, 정의, 절제, 초월)과 그 핵심 덕목에 속한 하위개념(3~5개의 하위 강점)으로 정리하였다. 검사를 하게 되면 24가지 강점 중에서 핵심 덕목을 제공하게 된다. 검사의 목표는 응답자의 대표 강점(signature strength)이 무엇인지 확인하는 것을 우선으로 한다. 대표 강점의 활용은 개인이 자신이 처한 환경에 보다 적극적으로 참여할 수 있도록 유도하며, 그 속에서 타인과의 긍정적인 상호작용을 통해 즐겁고 의미 있는 삶을 영위할 수 있도록 도와준다.

검사를 통해 우리는 자신에게 이미 내재된 어떤 측면에 대해서 알게 된다는 점이 중요하다. 검사들을 통해 자각하지 못했던 강점에 이름을 붙여주고 자신의 강점들에 대해 말할 수 있는 언어를 얻게 됨으로써 자신에 대한 이해를 확장할 수 있게 된다. 강점을 발견하고 이에 대해서 이야기를 나누며 자신의 강점에 대한 피드백을 받는 과정을 통해서 성취와 만족감에 초점을 맞출 수 있다. 자신의 강점을 알게 되고 이를 일상생활에서 활용하려고 더 노력하게 된다면 삶에 대한 만족감을 높이고 주관적인 안녕감을 느낄 수 있을 것이다. 아마도 강점을 왜 활용해야 하는가에 대한 질문의 답은 결국 우리의 삶을 더 좋게 만들기 위해서라고 할 수 있다.

나도 강점검사를 자주 활용하는 편인데, 특히 성인들과의 상담이나 집단상담 프로그램 시에 활용한다. 강의나 상담 중에 내가 늘 입버릇처럼 하는 말이 있다.

"저는 당신의 약점에는 관심이 없어요. 그러니 당신의 강점에 대해 이야기해보죠."

그러면 가장 많이 나오는 질문은 "왜 나의 강점을 알아야 합니까?" 이다. 강점을 인식한다는 것은 자신의 재능에 대해 보다 깊게 인식하게 되고 개인적 자신감을 증가시키는 일이다. 또한 학업적 자신감이 증가하고 성취 동기가 증가한다. 결국 자신을 소중히 여기고 진실해지는 과정 등에 도움을 받을 수 있다. 더 나아가 강점을 활용하면 강점을 통해 개인적인 이익을 얻을 수 있다. 특히 강점을 통한 자기의 발견은 우리에게 새로운 것에 도전할 용기를 주고 무엇인가 명확한 것들을 실행에 옮길 동기를 부여하며 목표로 향할 힘을 선사해준다.

강점을 발견하게 된 많은 이들은 자신 속에 있었던 강점의 단어를 말하면서 그와 관련된 경험을 이야기하게 된다. 낙담하고 좌절된 상태에서 찾아온 이들이 자신의 강점을 이야기하면서 웃음꽃을 피우는 과정을 지켜보는 것은 그야말로 기쁨의 순간이다.

Seligman(2002)은 강점의 활용이 긍정 정서, 몰입, 안녕을 증가시키는 중요한 요소라고 주장하였다. 또한 다른 연구들에 따르면, 강점에 기반한 발달적 개입은 자신감, 방향성, 희망, 이타성을 증가시킨다(Hodges & Clifton, 2004). 결국 강점을 많이 사용할수록 긍정적인 경험을 더 많이 하게 될 것이다. 그러니 불안과 모호함을 견디는 힘은 우리의 강점에서 나온다. 강점 연구에서 가장 중요한 기본적인 전제는 '가장 탁월하고 출중한 것을 연구하는 것은 가장 부진하고 취약한 것을 이해하는 것만큼 중요하다(Snyder & Lopez, 2002)'는 것이다.

여러 이론들이 강점의 활용을 이해하는 데 도움이 될 수 있지만 강점을 어떻게 일상생활에 활용할 것인가에 대한 실질적이고 완벽한 설명으로는 부족하다. 최근의 한 연구(Janowski-Bowers, 2006)에서는 강점의 활용 과정에서 중요한 구성 개념이 필요하다는 것을 주장하였다. 세 가지 구성 개념은 지속적인 사회적 지지, 성공 경험, 개인적 강점의 강화인데 이 세 가지 구성 개념의 지속적인 순환에 따라 강점의 활용이 이루어질 수 있다는 것이다. 단, 하나라도 부족하면 활용 과정이 달라질 수 있다. 그러니 우리는 주위의 사람들을 지지하고, 그들의 성공 경험에 대해서 다시 이야기해주며 그러한 개인적 강점을 다시 활용할 수 있도록 강화해주면 좋겠다.

우리가 잘하는 것, 그리고 열정을 가지고 있는 것을 이해하고 활용하는 것을 통해 자신의 삶은 더 나은 방향으로 나아갈 수 있다.

— 성취(Achiever): 체력이 좋고 일을 열심히 한다. 바쁘고 생산적인 삶에서 커다란 만족을 얻는다.

— 활동성(Activator): 생각을 행동으로 바꿈으로써 일이 일어나게 한다. 종종 조급해 보일 수도 있다.

— 적응력(Adaptability): 흐름에 잘 맞출 줄 안다. 일이 생길 때 유연하게 처리하고 장차 어떻게 될지 생각하지 않는 '현재의' 사람이다.

— 분석(Analytical): 이유와 원인을 찾는다. 상황에 영향을 줄 만한 모든 요소에 대하여 생각하는 능력이 있다.

— 조정(Arranger): 조직화하는 능력이 있으며 이 능력을 보완하는 유연성도 함께 갖추고 있다. 일의 모든 부분과 자원들이 최대한의 생산성을 위하여 어떻게 조율될 수 있는지 알아내는 것을 좋아한다.

— 신념(Belief): 잘 변하지 않는 핵심 가치를 가지고 있다. 이러한 가치를 통해 삶에 대한 명확한 목표 의식을 갖는다.

— 명령(Command): 존재감이 강하다. 상황에 대한 통제력을 가지고 결정할 수 있다.

— 의사소통(Communication): 일반적으로 생각을 말로 쉽게 옮길 수 있다. 대화에 능하며 발표를 잘한다.

— 경쟁(Competition): 다른 사람의 수행에 비해서 자신이 얼마나 진전하였는지 평가한다. 1등을 하려고 노력하고 경쟁을 즐긴다.

— 연결성(Connectedness): 모든 일에 연결고리가 있다는 믿음을 가지

고 있다. 우연의 일치는 거의 없으며 거의 모든 일에는 이유가 있다고 생각한다.

— 일관성(Consistency): 사람들을 동일하게 대할 필요성을 강하게 느낀다. 분명한 규칙을 세우고 그것을 충실하게 지킴으로써 모든 사람을 일관되게 대하려고 노력한다.

— 맥락(Input): 과거에 대하여 생각하는 것을 즐긴다. 역사를 찾아봄으로써 현재를 이해한다.

— 신중성(Deliberative): 결정이나 선택을 할 때 매우 진지하게 생각하는 특성이 있다. 장애물을 예견한다.

— 개발(Developer): 다른 사람의 잠재력을 알아차리고 개발해준다. 작은 향상의 징후도 알아차리고 만족을 얻는다.

— 질서(Discipline): 정해진 틀과 구조를 즐긴다. 그들이 만든 질서가 그들의 세계를 잘 묘사해준다.

— 공감(Empathy): 자신이 다른 사람의 상황과 삶에 있다고 상상함으로써 다른 사람의 감정을 느낄 수 있다.

— 초점(Focus): 방향을 설정하여 따라가며 그 경로를 따라가는 데 필요한 것을 수정한다.

— 미래지향성(Futuristic): 미래와 미래에 일어날 수 있는 것에서 영감을 얻는다. 다른 사람에게 미래에 대한 비전을 불어넣는다.

— 조화(Harmony): 합의점을 찾는다. 갈등을 좋아하지 않으며 대신에 동의할 수 있는 부분을 찾는다.

― 착상(Ideation): 아이디어를 내는 일에 매력을 느낀다. 별개인 것처럼 보이는 현상들 사이에서 연결고리를 찾아낼 수 있다.

― 포괄성(Includer): 다른 사람을 잘 받아들인다. 소외되었다고 느끼는 사람에 대해 관심을 보이고 그들을 사람들 안으로 끌어들이려고 노력한다.

― 개인화(Individualization): 사람이 가진 다양한 개성에 관심을 갖는다. 서로 다른 사람이 어떻게 생산적으로 일할 수 있는지를 알아내는 재능이 있다.

― 사고(Intellection): 지적인 활동이 특징이다. 내성적이며 지적인 토론을 잘 이해한다.

― 탐구심(Input): 알고 싶어 하는 욕구가 강하다. 종종 모든 종류의 정보를 모아서 보관하는 것을 좋아한다.

― 학습(Learner): 배우고자 하는 열망이 강하고 끊임없이 진보하기를 원한다.

― 극대화(Maximizer): 전문성과 팀의 우수성을 자극하는 방법의 일환으로 강점을 중요하게 생각한다. 강점을 최고로 만드는 방법을 찾는다.

― 긍정성(Positivity): 전염성 있는 열정을 가지고 있다. 낙관적이며 앞으로 할 일에 대하여 다른 사람들을 신나게 만든다.

― 관계(Relator): 다른 사람들과 친밀한 관계를 즐긴다. 목표를 달성하기 위해 친구들과 함께 열심히 일하는 데 깊은 만족감을 느낀다.

― 책임감(Responsibility): 스스로 하겠다고 말한 것에 대해 심리적 의무

감을 가지고 있다. 정직과 충실성과 같은 안정적인 가치를 추구한다.

— 복구(Restorative): 문제를 다루는 데 뛰어나다. 무엇이 잘못되었는지 알아내어 잘 해결한다.

— 자기확신(Self-assurance): 자신의 삶을 꾸려나가는 능력에 자신감을 느낀다. 자신의 결정이 옳다는 자신감을 주는 내적인 나침반을 가지고 있다.

— 중요성(Significance): 타인의 눈에 매우 중요한 사람으로 보이고 싶어 한다. 독립적이며 주목받기를 원한다.

— 전략(Strategic): 일을 진행시키는 대안적인 방법을 만들어낸다. 어떤 시나리오에 맞닥뜨리든지 중요한 패턴과 논점을 재빠르게 포착할 수 있다.

— 매력(Woo, Winning Others Over): 다른 사람을 자기 편으로 끌어들이는 것을 의미한다. 새로운 사람들을 만나고 그들을 자기 편으로 만드는 것을 좋아한다. 서먹서먹한 분위기를 깨고 다른 사람과 관계를 맺는 것에서 만족감을 얻는다.

평생에 걸치는
커리어의
다양성

　　일전에 인사담당자들이 모여 인재상에 대해 논하는 컨퍼런스에 참여했던 적이 있다. 몇 개의 큰 기업 인사담당자들이 강연자로 초대받았고 강의 중간중간 각 기업에서 원하는 인재상을 소개하며 최근 입사한 직원의 역량을 언급하기도 하였다. 특히 매우 이색적인 커리어를 가진 경력자들을 소개하면서 그와 같은 독특한 경력이 현재 일에 어떻게 도움이 되는지 사례를 들어 소개하기도 하였다.

　　진로를 연구하는 사람으로서 그 부분에 유난히 호기심이 일었다. 저런 큰 IT회사에 들어간 사람들은 대체 어떤 사람일까? 라는 단순한 수준의 궁금증에서부터 독특한 커리어 전환을 이룬 개인이 몹시 궁금하기도 하였다. 그러나 시간이 짧고 컨퍼런스의 주제가 커리어 전환이 아니었기 때문에 나의 궁금증은 거기서 멈출 수밖에 없었지만 구체적 실례들은 우리가 진로는 대체로 어떠해야 한다는 선입견에 도전할 수 있도록 해주었고 매우 신선하게 다가오기도 하였다.

고백하자면 나 역시 예전에는 건축공학도였고 건축을 연구하는 사람이었다가 현재는 진로상담사로 살고 있으니 큰 커리어의 전환이 있었던 셈이다. 더 어린 시절로 거슬러 올라가면 예술학교에서 그림을 그리던 미술학도였기에 인생의 진로가 크게 세 번쯤 바뀌었다. 현재 하는 일과 미술을 전공하는 중학생은 잘 연결이 되지 않지만 내 안에 그와 같은 흥미와 관심은 여전히 남아 있다. 하지만 어린 시절에는 진로상담사라는 단어조차 들어본 적이 없기 때문에 지금 내가 하는 일은 과거에 상상해본 적 없는 일이다. 그때나 지금이나 유효한 측면이라면 사람에 대해 궁금해하고 호기심이 많은 성격이라는 것뿐이다.

예술을 꿈꾸다가 공학도로, 공학도에서 상담을 전공하는 사람으로 옮겨온 것을 두고 쓸데없는 일에 시간을 낭비했다거나 헛고생을 많이 했다는 이야기를 줄곧 들어오기도 하였지만 그 커리어 전환을 통했기에 조금씩 나다운 길을 발견해온 것도 부인할 수 없는 사실이다. 엄밀히 말해 나의 경우는 진로에 대한 자기이해의 부족 탓에 먼 길을 돌아왔고 중간쯤에서 비자발적으로 커리어의 전환을 한 경우이지만 운명처럼 진로상담사가 될 준비를 온몸으로 해온 것인지도 모른다는 위로를 하기도 하면서 변명 같지만 먼 길이 지름길이 되기도 하는구나 절감하기도 한다.

이제는 누구나 커리어 전환에 대해서 고민하고 생각해보아야 하는 시대가 되었다. 길어진 수명으로 인생 100세 시대를 준비하라는 이야기는 초등학생들에게도 익숙한 말이기 때문이다. 하지만 생애설계 관련 강의를 할 때 장기적인 커리어 관리를 위한 서두로 '100세 시대' 이야기를 꺼내면 '뭐 그런 식상한 이야기를 하는가' 하는 표정으로 나를 바라보는 분들이 꽤 많다. 이야기를 듣기도 전에 무슨 말을 할지 예상한다는 듯한 시큰둥한 표정으로 쳐다보시거나 아예 팔짱을 끼고 눈을 감는 분들도 계시다. 강의를 듣는 분들의 경력과 사회적 역할을 고려한다면 그리 놀랄 만한 반응도 아니다. 길어진 수명과 불안정한 일자리, 그리고 계속 일해야 한다는 사실을 모르는 이는 더 이상 없기에 시작이 따분하게 느껴질 수도 있는 일이다.

커리어를 공부하는 나도 길어진 수명과 자연스럽게 뒤따라오는 평생 경력 관리에 대한 이야기를 무척 오래전부터 들어왔지만 이렇게 익숙한 이야기가 좀 다르게 들리기 시작한 지점은 커리어 전환과 적응을 위한 준비가 미흡한 이들이 경험하는 현실적인 고민에 대해 상담하는 케이스의 수가 급격히 늘어나고서부터이다. 과거에는 여러 차례의 커리어 전환을 대비해야 한다는 사실이 머리로 이해하면 되는 추상적인 정보였다면 지금은 직접적으로 피부에 와 닿는 생존의 문제라는 점이 달라진 부분이다.

중장년 대상의 강의를 끝내고 나면 개인적으로 상담을 요청하는 이메일이 쏟아진다. 그 사안의 경중은 각기 다르지만 많은 분들이 남은 인생의 앙코르 커리어를 진지하게 고민하고 짧은 안목으로 어떤 선택을 하려 하기보다는 장기적인 관점에서 인생의 후반부를 설계하고자 하신다는 것을 많이 느껴왔다.

　베이비부머 세대(1955년~1963년 출생자)의 은퇴가 본격적으로 시작되면서, 한국사회에서 남성의 경우 주된 일자리에서 퇴직하는 연령은 55세이지만 실질 은퇴 연령(노동시장에서 완전히 이탈하는 연령)은 70세로, 퇴직한 이후에도 약 15년을 더 노동시장에 머물고 있는 것으로 보고되고 있다. 그렇지만 한국사회에서 베이비부머 세대의 진로문제는 전적으로 개인의 몫으로 여겨져, '스스로 알아서' 하고 그 '실패도 개인의 탓'이 되는 경향이 매우 높다.

　당면한 커리어 전환의 위기와 새로운 경력을 위한 커리어 관리에 관련한 이야기를 시작하면 팔짱을 끼고 계시던 분들도 앞으로 15년 정도를 더 일해야 한다는 말에 호기심의 눈빛을 보내며 강의에 귀를 기울이신다. 짐작건대 이런 변화에 지속적으로 적응하고 새로운 대안을 모색해야 한다는 사실을 알고는 있더라도 받아들이고 싶지 않거나, '어떻게든 되겠지' 하는 막연한 낙관론을 지닌 분들이 많은 것 같다.

　어떤 상황에 처해 있든 살아가는 동안 사회, 가치, 관심사는 변하기 마련이고 그에 따라 커리어에 대한 의식, 태도 행동도 변화하고 적응해야 한다. 이러한 변화의 틈새와 단계의 고비마다 각각의 과도기(transition)가 존재하게 된다. 레빈슨(Levinson)은 사람들이 인생주기에서 '안정기'와 각 단계의 경계에 있는 5년의 '과도기'를 반복하면서 발달한다고 하였다.

　예를 들어 17세부터 22세까지를 성인기로의 과도기, 40세부터 45세까지를 중년기로의 과도기, 60세부터 65세까지를 노년기로의 과도기로 보았다. 이러한 인간의 발달 과정에 존재하는 과도기는 안정기에 비해 불투명하고 불안정하지만 그렇기 때문에 경력발달에서 큰 의미가 있다. 과도기에는 일단 멈추어 자신과 깊이 마주하고 서서 자신과 주변을 차분히 응시하고 바로잡음으로써 경력을 발전시키기 위한 시기가 될 수 있게끔 주의를 기울여야 한다.

직업적 환경에서도 다양한 변화를 지속적으로 모색해야 한다. 한 직장에서 30여 년을 일하고 은퇴한다 해도 집에서 쉬면서 여생을 즐기기엔 주변 상황이 그리 좋지 않다. 예를 들어 늦어진 자녀의 독립과 지속적인 가계 지출로부터 완전히 자유로울 수 없기 때문이다. 미혼인 자녀를 둔 상태인데 일선에서 은퇴를 한다는 것은 모든 가족에게 위기일 수밖에 없다. 상담실에서 만나는 중장년층은 자신의 제2의 인생을 위한 이슈도 있지만 아직은 일을 해야만 하는 절박한 상황에 있는 분들도 무척 많은 편이었다.

특히 베이비부머 세대는 가계경제의 주된 수입원으로 부모와 자식을 모두 부양하는 버팀목 역할을 하였으나 정작 본인을 위한 노후 준비는 소홀한 세대이다. 거기에 자녀를 가족의 중심에 두는 가족가치관을 가진 세대이기 때문에 자녀를 양육하고 가족을 지키는 것을 무엇보다도 중요하게 여기고 있다. 성년이 된 자녀가 미혼이거나 부양해야 할 노부모가 계시면 문제는 더 절박해진다. 자녀에게 노후 부양을 기대할 수는 없는데 은퇴 시기는 다가오고, 당장엔 부모에 대한 부양 의무를 지니고 있기에 심리적인 압박감이 굉장하다. 그러니 본인의 주요 노후 준비는 부족한 실정이다.

한편 지속적인 커리어 전환에 대해 일찍부터 눈을 떠야 하는 이유는 예전보다 훨씬 좋아진 건강 상태도 이유가 될 수 있다. 예전의 60세와 지금의 60세는 모든 면에서 많이 달라졌다. 더욱이 이제 겨우 50세인데 일선에서 물러난다는 것은 자신의 인생에 대한 의미를 찾고자 하는 사람들에게는 심리적인 도전이 될 수도 있다. 일하는 존재로서의 정체성이 크게 흔들리는 이 시기는 일이 없어진다면 곧이어 '과연 나는 누구인가?' 하는 부분에 대한 회의와 갈등이 깊어지게 된다. 직장에서 열심히 일할 때는 생각해본 적도 없는 존재에 대한 질문이 슬그머니 고개를 든다. '나는 과연 어떤 존재인가?' 이러한 질문에 대한 대답의 중압감은 상상을 초월한다. 일부는 이러한 질문에 봉착하는 것 자체가 두려워 서둘러 제2의 직장, 최대한 빠른 전직을 원하는 것인지도 모르겠다.

60세 전후의 세대와 상담을 할 때도 그분들이 원하는 삶이 조용히 여생을 마무리하는 차원에서 손자손녀를 돌보며 집에만 있길 원하지 않다는 것을 자주 목격하였다. 아직도 일할 수 있기에 뭔가 생산적인 일을 지속하고 싶다는 열망을 강하게 어필하시는 분들이 점점 더 많아지고 있는 추세이다. 요즘의 50대 중반은 과거의 40대 중반 정도의 마인드와 체력을 유지하고 있기에 실제로는 장년기이지만 심리적으로는 중년기에 있기 때문이다. 이 시기에 도달한 이들, 특히 중기의 커리어상에 위치한 이들은 발달단계상에서 중년의 위기에 해당되며, 자신의 아이덴

티티가 흔들리고 커리어가 더 이상 성장하지 않는 것을 경험하는 시기이기도 하다. 달리 말해 자신의 과거, 현재, 미래를 분석하고 재평가하며, 향후 커리어 방향성을 신중하게 최종 결정하는 중요한 시기가 된다. 따라서 중장년이 직면한 커리어 전환의 현실은 자신의 인생에서 중요한 지점이고 노후를 위한 중대한 고비인 것이다.

미국의 커리어개발협회 회장을 역임한 슐로스버그(Schlossberg)는 '인생은 다양한 전환의 연속이고 그것을 극복하기 위한 노력과 연구를 통하여 커리어가 형성되고 개발된다'고 하였다. 즉 커리어 발달은 커리어 전환(career trasition)의 연속으로 이루어지는 것임을 고려하여 커리어 전환 프로세스를 잘 이해하고 자기관리를 할 수 있어야 한다고 하였다.

전환이란 '인생에서 어떠한 사건이 일어나는 것, 사건을 만나는 것', 또는 '예측했던 일이 발생하지 않아 그 영향으로 인해 일어나는 변화' 모두를 뜻한다. 다시 말해 어떤 변화가 일어나거나 혹은 예측했던 일이 발생하지 않아 변화가 일어나는 모두가 우리의 커리어에 영향을 미친다. 요즘처럼 변화가 심한 사회경제 환경 속에서 직장이나 직무 내용이 변화되는 일은 누구나 경험할 수 있다. 커리어 전환은 사회적인 요인, 조직적인 요인, 개인적인 요인 등에 의하여 초래하게 된다. 취업의 어려움뿐 아니라 실직이나 해고, 전직이나 이직 등이 일반화된 현실에서 커리어 전환에 대한 이해를 충분히 갖고 있는 편이 유용하다. 오늘날 누구나 경험할 수 있는 커리어 전환 시에는 슐로스버그가 말한 네 가지 요소를 확인할 필요가 있다.

◦ 전환의 영향은 어느 정도인가

지금까지의 자신의 역할, 인간관계, 일상생활 등을 얼마나 바꿔야 할까.

◦ 전환의 타이밍은 어떤가

커리어 전환이 자신의 인생에서 시기적으로 적절한가, 전환을 위해 준비할 시간은 있는가.

◦ 자기 컨트롤은 가능한가

자신은 커리어 전환을 어느 정도 컨트롤할 수 있는가, 스스로 영향을 미치게 할 수 있는가, 선택 대안은 존재하는가.

◦ 영향의 지속성은 어떤가

전환으로 인해 발생한 상황은 언제까지 계속될 것인가, 일시적인 영향인가, 영속적인 영향인가.

이와 같은 전환 시에는 다음과 같은 변화가 한두 개 이상 일어나게 된다.

◦ 인생 역할의 변화: 전환에 의해 자신이 완수한 수많은 인생 역할 중 일부가 없어지거나 잃게 되거나 크게 변화한다.

◦ 인간관계의 변화: 전환 시에는 인간관계가 강해지거나 약해진다.

◦ 일상생활의 변화: 전환 시에는 일상생활에서 무엇을 언제 어떻게 할 것인가가 변화한다.

○ 자기개념의 변화: 자신에 대한 사고방식, 인지 방법이 변화한다.

전환기는 필수적인 스트레스를 동반한다. 따라서 이러한 과도기에 심리적 불안이나 스트레스를 감소시키기 위한 노력이 매우 중요한데, 각 지자체에서 지원하는 전직 지원활동이나 기업체가 제공하는 전직 지원 프로그램이 다소는 보탬이 될 수 있다. 변화가 지속되고 필연적일 수밖에 없다면 커리어 전환을 당연한 인생의 발달단계로 이해하며 여유 있게 대하는 자세가 중요하다.

커리어 전환에 동반되는 다양한 변화를 얼마나 객관적으로 냉정하게 받아들이고 효과적으로 대처할 것인가는 사람마다 차이가 있다. 각각의 인생 단계에서 맞게 되는 전환은 다양하게 존재하고 그 전환을 어떻게 받아들이는가는 개인차가 크기 때문이다. 슐로스버그는 그 반응에 대한 개인차가 본인의 내적 자원에 의한다고 생각하고 다음과 같이 전환을 능숙하게 대처할 수 있는지 아닌지를 좌우하는 네 가지 요소를 들었다.

○ 전환의 과거 경험

커리어 전환을 경험해본 적이 있는가, 과거의 전환 시에는 능숙하게 대처하였는가.

○ 커리어 전환에 대한 대처 행동

전환에 즈음하여 적절한 행동을 취할 수 있는지, 의사 결정을 실제로 행동으로 옮겼는지, 전환에 수반되는 스트레스에 대처할 수 있는가.

○ 커리어 전환 후 자율감

전환 시에 자신의 인생을 스스로 컨트롤할 수 있다고 느끼는가.

○ 인생에 대한 생각

자신의 인생을 긍정적으로 인지하고 있는가 부정적으로 인지하고 있는가.

슐로스버그는 커리어상의 다양한 전환기를 능숙하게 극복할 수 있는지를 결정하는 위의 네 가지 요소 외에 전환기를 지원하는 세 가지 자원이 동시에 존재할 경우 전환 시에 발생하는 다양한 문제도 해결이 가능하다고 하였다. 그 세 가지 자원이란 다음과 같다.

○ 커리어 전환을 지원하는 공적 기관이나 민간단체, 직업소개소, 인재 비즈니스 등의 자원 활용하기

○ 전환기를 능숙하게 극복하기 위한 경제적 자원 확보하기(물리적 조건의 존재)

○ 전환기를 지원하고 지지해주는 사람들과 연결되기(인간관계의 존재)

따라서 커리어 전환 시에는 이러한 세 가지 지원 시스템 중 무엇을 충족하고 있는지와 무엇이 결여되어 있는지를 체크하고 만약 결여되어 있다면 그것을 구체적으로 얼마나 보충할 수 있는지 등을 명확히 할 필요가 있다. 직업상의 변화에 적응하기 위해서는 주변의 자원을 활용하

고 필요하다면 도움을 받는 것도 현명한 대안이 될 수 있다.

그러나 무엇보다 속도보다는 방향이다. 불안감에 쫓기듯 선택한 길이 장기적인 대안이 될 수 없는 경우를 너무나 많이 보았기 때문이다. 혹시라도 어디선가 잃어버렸던 꿈이 있다면 커리어 전환의 시기에 다시 한번 떠올려보면 어떨까?

긍정적 정서를
이끌어내는
진로탄력성

한 개인이 일의 세계로 입문하여 자신의 경력을 구축해나
가고, 나이가 들면서 자연스럽게 은퇴를 하게 되는 진로발달의 패러다
임은 현재와 같은 불안정하고 다변화하는 성인 진로발달을 설명하기에
는 더 이상 유효하지 않게 되었다. 개인마다 다른 퇴직의 시기와 다양한
직업 선택의 가능성, 길어진 평균 수명은 단선적인 진로발달의 모델로
설명하는 데 어려움이 있기 때문이다.

지금은 개인이 어떻게 진로의 변화에 적응할 것인가, 사회 변화가 요
구하는 갖가지 진로상황에서 어떻게 유연하게 처리할 것인가, 이렇게
변화하는 사회 속에서 어떻게 자신의 진로를 관리할 것인가 등의 문제
가 중요하다. 이러한 배경하에 등장한 새로운 개념이 진로탄력성(career
resilience)이다. 진로탄력성은 진로와 관련하여 역경이 닥쳤다고 하더라
도 이에 적응하고 대처할 수 있는 능력이라고 정의할 수 있다(Noe, Noe, &

Bachhuber, 1990). 탄력성(resilience)이라는 개념은 개인의 삶의 질을 향상시키는 데 필요한 특성으로, 긍정심리학 분야에서 등장한 개념이었다.

대학교 졸업반의 미연 씨. 하반기 공채를 준비했지만 어느 기업에도 합격하지 못했다. 여름께만 해도 자신감이 있었고 이대로 하면 충분히 좋은 결과를 얻으리라 확신했는데, 6개월간 서른 곳이 넘는 기업에 지원하면서 어느 곳에서도 합격하지 못한 것이다. 미연 씨는 취업을 위해 만반의 준비를 했지만 면접이나 시험 같은 취업 현장에서 도저히 적응을 할 수가 없었다. 작은 말에도 큰 상처를 받고, 물건을 자꾸 떨어뜨린다거나 일상적인 대화에서도 목소리가 떨리고 가끔 불수의적으로 얼굴 근육이 씰룩거리기는 등 스스로를 통제할 수가 없었다.

그리고 미연 씨와 비슷한 상황에 있었던 또 한 명의 친구가 있다.

법학을 전공한 수혁 씨는 학창 시절 공부를 매우 열심히 했고 학점도 훌륭했다. 취업을 목표로 차근차근 구직 준비를 하면서 자신감도 있었고 실력도 있었다. 하지만 가장 희망했던 시중은행의 최종면접에서 탈락하고 말았다. 수혁 씨는 자신이 탈락했다는 사실에 큰 좌절감을 느끼고 고향집으로 내려갔다. 그렇게 1년 6개월의 시간이 흘렀다.

위의 사례는 취업 과정에서 낯선 환경과 역경을 마주한 두 학생의 사례다.

미연 씨의 경우 상담실을 찾아 심리검사를 병행하면서 평소의 열정적인 모습을 회복해갔다. 영하 16도에 밑도는 강추위에도 상담 날짜를 거르지 않았고 상담 과정에도 적극적으로 참여한 끝에 원하는 기업에 합격할 수 있었다. 반면 수혁 씨의 경우 1년 6개월 후 다시 상담이 필요하다며 찾아왔는데, 그동안 거의 폐인처럼 지냈다고 했다. '대충 놀았다'는 말로 얼버무린 그의 모습에 몹시 마음이 아팠던 기억이다. 미연씨는 어려움에 처한 상황에서도 진로탄력성을 발휘해 자신을 되찾기 위해 노력했지만 수혁 씨의 경우 중요한 전형 단계에서 완벽하지 못했던 자신을 용서하지 못하겠다며 지난 시간에 얽매여 있었던 것이다.

취업 준비 기간 외에도 현실적인 문제로 어려움을 겪는 사례들이 무척 많다. 그것은 건강상의 이야기가 될 수도 있고 경력단절의 여성 이야기가 될 수도 있다. 자신에 대한 새로운 정체성이 필요할 시기지만 조력을 받을 수 있는 전문기관이 턱없이 부족하여 웬만한 진로탄력성을 가지고는 좌절감에서 헤어나오지 못하고 패배감에 젖어 살게 된다. 내가 부족하고 못나서가 아닌데, 현실에서 좌절감을 주는 외부 요인이 너무 많아진 것은 사실이다.

탄력성 이론은 Werner(1993)의 카우아이섬 종단연구에서 시작되었다. 심리학자인 Werner(1993)는 양육환경이 자녀의 건강한 심리사회적 발달을 이끌 것이라는 가정을 가지고 외부와는 상당히 단절된 섬에서 종단연구에 착수하게 되었다. 그러나 연구를 수행하면서 자신의 이론적 가정과는 반대되는 사례들에 직면하게 되었다. 열악하고 빈곤한 환경에서 자란 아동들도 매우 매력적인 성인으로 성장하는 사례들을 목격하면서 환경적인 고초나 극도의 스트레스 상황에도 불구하고 성공적인 삶을 이끌어내는 사람들의 공통된 특성을 발견하게 된 것이다. 이러한 특성을 설명하기 위해 '탄력성'이라는 용어를 사용하였다.

탄력적인 사람들의 특성은 긍정적인 기질, 발달된 인지와 학업 기술, 내적 통제감, 현실적인 학업과 직업에 대한 계획, 취미생활을 통한 기쁨, 강한 책임감, 타인을 돕기, 과도기 동안 기회를 포착하기, 최소 하나 이상의 무조건적인 관계, 종교와 내적 신념을 갖는 것을 포함하였다.

1970년대 탄력성 연구는 대다수 부모의 신체 질환, 알코올 중독이나 학대와 같은 심각한 고위험 가족에서 태어나 자라는 아동들에 초점을 두었으며(Bernard. 1996), 그러한 불리한 여건 속에서도 성공적인 수행을 보이는 아동들의 특성, 즉 탄력적인 특성이 성공적인 삶과 어느 정도 관련성을 갖고 있다는 점에 주목하게 되었다. 이후 London과 Mone(1987)은 탄력성이라는 용어를 개인적, 직업적 성공에 도달하기 위해 심각한 위기 요인들을 극복해낸 사람들을 설명하는 데 사용하였다.

진로탄력성이라는 용어는 London(1983)의 진로동기 이론(Career Motivation Theoy)에서 처음 사용된 이후, 새로운 진로 패러다임의 전환을 촉진하는 중요한 개념으로 등장했다. 진로탄력성은 탄력성의 확장된 정의이다. 진로스트레스와 진로장벽을 극복하는 핵심 요소이며(London & Mone. 1987), 진로탄력성이 높은 개인은 불확실하고 좌절되는 상황에서도 자신의 목표 달성과 직업 적응 및 성공을 추구하는 특성이 있다고 주장하였다.

London(1997)은 탄력성 개념이 일종의 개인 성격 특성으로서 개인의 강인성(Kobasa, Maddi, & Kahn, 1982)과도 유사하며, McClelland(1965)의 성취동기와도 관련성이 있고 Dawis와 Lofquist(1984)의 직업적응 이론의 유연성과도 유사하다고 보았다.

진로탄력성과 개념적으로 유사하다고 언급한 이론들을 살펴보면, 진로탄력성이란 예상하지 못한 직업환경 변화에 적응하는 개인의 특정한 특질이라고 정리할 수 있다. 진로탄력성이 높은 사람은 진로목표 방해, 불확실성, 동료와의 관계 악화 등 일이나 진로와 관련한 부정적인 진로환경에 보다 효과적으로 대처할 수 있는 사람임을 의미한다.

직업의 불안정성이 높아가는 환경 속에서 조직은 더 이상 개인에게 직업안정성을 보장하지 못하고 개인은 끊임없이 변화하는 직업 세계의 위기에 스스로 대처해야 한다. 누구나 일생에 한두 번쯤 진로발달상의 위기에 처할 가능성이 높아졌기 때문에 '어떠한 어려운 상황에서도 견뎌낼 수 있는' 탄력성과 같은 개인적 특성이 더욱 절실해지고 있다.

탄력성 개념에는 '역경(adversity)'과 '되돌아옴(bouncing back)'이 핵심인 요소(Carver, 1998; Garmezy, 1991)이기 때문에 진로탄력성을 갖춘 개인은 아무리 힘든 역경이 있더라도 회복하여 역경 이전의 기능 수준으로 돌아올 수 있는 힘이 있다. 따라서 진로탄력성이 높은 사람들은 힘든 일이 일어나더라도 스스로 긍정적인 정서를 이끌어내고, 이러한 긍정인 정서를 활용하여 삶의 좌절과 실패를 자신에게 교훈이 되는 내적 성장의 기회로 활용하는 경향이 있다. 따라서 실직이나 해고, 승진 누락과 같이 진로상의 부정적인 사건이나 장벽에 대하여 기능적으로 대처하는 경우를 진로탄력성이라고 표현할 수 있다. 일례로 진로탄력적인 사람은 이러한 상황에서 자신의 부정적인 정서를 인식하고 이를 기능적으로 다룰 수 있는 정서 조절 능력을 가지고 있다는 것이다.

진로탄력성 개념을 진로상담에 적용해보면, 역경에 직면하고 있는 내담자들이 흔히 경험할 수 있는 불안이나 분노, 우울과 고통의 감정을 적절히 인식하고 수용하며, 기능적으로 조절하고 표현할 수 있도록 도울 수 있다.

안정감을 주는
경력 성향

중소기업 전산 분야에서 엔지니어로 일하는 38살의 지훈 씨. 그는 매달 자신의 교육비로 50만 원 이상을 사용한다. 저녁마다 나가는 독서모임, 리더십 세미나, 워크숍 등 아내와 크게 다툴 정도의 많은 교육비를 지출하는 중이었다.

지훈 씨의 행동을 아내는 이해할 수가 없다고 한다. 하는 일이나 잘하면 좋을 텐데 무엇을 하는지도 모를 여러 모임들을 기웃거리고 딱히 업무와도 상관없는 세미나에 큰 돈을 투자하거나 관련도 없어 보이는 워크숍에 참석하는 지훈 씨의 행동이 납득이 되지 않는 것이다.

지훈 씨가 이렇게 많은 교육을 듣는 데에는 특별히 다른 진로를 모색하기 위해서라거나 자격증을 취득하기 위해서가 아니었다. 그저 이런 교육을 통해 느낄 수 있는 성장하는 기분이 좋았고 남들보다 한발 앞서 있는 듯한 감각 자체가 기분이 좋았기 때문이다. 최근에는 해외에서 온 석학들이 강연하는 강연장의 표를 구하느라 인터넷 예매에 온 신경을 집중하고 있었다. 비싼 강연료에 아내는 불같이 화를 내었다. 하지만 지훈 씨도 왜 그 강연에 꼭 가야 하는지 명분은 딱히 없었다. 그저 가고 싶다는 생각이 들어서 표를 구하긴 했는데, 그런 자신이 스스로도 잘 설명이 되지 않았다. 원래부터 호기심이 있으면 즉시 해결해야 하는 성격이었고 학구열도 높은 편이라고 자평은 하지만 지나친 감이 없지 않아 있다는 생각이 들긴 했다.

새해가 되면 지훈 씨는 1년 계획을 세우는 과정에서도 몹시 스트레스를 받는다. 하고 싶은 것이 너무 많은데 돈도 시간도 제한이 되다 보니 가슴이 답답하고 짜증이 몰려왔다. 모조리 한번에 다 하고 싶었고, 그리고 성장하고 싶었다. 계획표에 쓴 내용들을 모두 내 것으로 만들고 싶다는 생각. 내가 왜 이러나… 정신적으로 문제가 있는 건 아닌가 싶기도 했다. '궁금하다'는 이유만으로 가정생활에 시간적·경제적으로 타격이 있을 만큼 수많은 교육과정을 쫓아다니는 지훈 씨. 당연히 휴식을 취할 개인적인 시간도 없다. 이런 문제점들을 어렴풋이 인지하고 있으면서도, 그는 또 새로운 교육을 들으러 어딘가로 향한다.

지훈 씨는 무엇을 위해 이렇게 많은 교육을 들으러 다니는 걸까? 보기만 해도 숨이 가쁘고 벅찬 느낌이 들었다. 그의 에너지가 부럽기도 한 반면 그 모든 경험이 지훈 씨에게 어떤 의미인 건지, 궁금하기도 하였다. 이 과정에서 지훈 씨는 '커리어 앵커'라는 간단한 체크리스트를 활용한 상담을 하게 되었다. 간단히 해본 검사였지만 지훈 씨는 검사 결과를 받아 들고 폭포수 같은 이야기를 털어놓으며 자신이 추구하는 삶의 방향에 대해 이야기를 쏟아내었다.

지훈 씨는 전문성에 대한 강한 열망을 가지고 있었다. 전문가라는 이야기를 듣고 싶고, 남들로부터 인정받고 싶은 열망이 강한 사람이었다. 커리어 앵커 검사를 통해 드러난 지훈 씨의 역량은 '전문가 역량'이 가장 높았다. 이런 사람은 지속적인 성장을 위한 노력의 일환으로 끊임없이 자신에게 투자하는 경향을 가지고 있다. 또한 도전 기회가 주어졌을 때 끝없이 배우고 높은 기술을 터득하기 위해 노력하지만, 반복적이고 단순한 업무를 하게 되면 능력을 제대로 발휘할 수 없고 의미를 잃기 쉬운 사람이다.

더 심화된 학습의 기회가 주어져야만 능동적으로 일하며 자신의 중심을 만들어갈 수 있는데, 지훈 씨가 현재 몸담은 조직은 그런 도전기회가 적었다. 그래서 자꾸만 외부 교육에 몰두하게 된 것이다. 지훈 씨는 자신의 행동을 설명할 수 있는 결과에 몹시 기뻐하며 연신 고개를 끄덕였다. 아내의 비난에 자신을 변호할 배경지식을 얻은 것 같아 기쁜 기색도 보였다.

커리어 앵커는 전 생애 중 일과 관련된 과정에서 흔들리지 않고 중심을 잡아주는 내부의 진로역량을 의미하는 것으로 개인이 갖는 진로의 중심축이라고 할 수 있다. 커리어 앵커(career anchor) 개념은 **Schein**(1978)이

MIT Sloan School의 졸업생들을 대상으로 한 종단적 연구의 산물이다. 그는 1961년부터 MBA 과정에 있는 44명의 남학생들을 대상으로 시작하여 그들이 졸업한 지 약 10-12년이 된 1973년에 다시 한 번 인터뷰를 실시하였다.

Schein은 44명의 패널을 대상으로 경력과 관련된 실제 의사 결정의 이유를 조사하였더니 거의 모든 사례에서 응답의 확실한 패턴이 나타났으며 의사 결정의 이유는 상당히 일정하였다. 44명의 패널 대상자들에게서 경력과 관련한 이유에 대한 일정한 패턴이 설명되면서 커리어 앵커의 개념이 나타나게 되었다.

Schein은 이러한 안정적인 경력 개념을 '커리어 앵커'라 명명하고 커리어 앵커에는 다음의 세 가지 요소가 있다고 하였다.

첫째, 스스로 지각한 재능과 능력.

둘째, 스스로 지각한 동기와 욕구.

셋째, 스스로 지각한 태도와 가치가 그것이다.

이후 Schein의 커리어 앵커에 관한 연구는 안정적인 경력 정체감의 발달을 어떻게 개념화할 것인가 하는 것과 최초 직업 선택의 과정을 분별하는 데 유용한 이론이 되었다.

커리어 앵커는 8가지 유형으로 분류되는데 전문가적 역량, 총괄 관리자 역량, 보장성/안정성 역량, 자율성/독립성 역량, 창업가형 역량, 봉사/헌신 역량, 순수한 도전 역량, 라이프 스타일 역량으로 구성된다. 커리어 앵커는 한 개인의 자아개념 속에 있는 하나의 요소로써, 커리어 앵커를 통해서 개인이 과거의 결정과 그 결정을 하게 된 이유를 더 깊이 통찰하는 데 도움이 된다. 특히 실제 업무를 통한 경험과 다양한 직무 행위를 통해 드러나는 측면이므로 자신의 재능, 동기, 욕구, 가치에 대한 총체적인 자아개념으로써 일정 기간의 일 경험이 없다면 확인하기 어려운 측면이 있다. 따라서 신입사원보다는 일정한 경력을 가진 직장인들이 자신의 경력을 어떤 방향으로 추구해나가는지에 대한 피드백이 필요할 때 사용하는 것이 적절하다.

그런 면에서 앞서 사례로 본 지훈 씨는 자신이 나아가는 경력의 방향과 자기 경력의 정체성을 발견하고 안심하였다. 좀 더 도전을 받고 전문성을 확보할 수 있는 일이 지훈 씨의 배움에 대한 열정을 좋은 방향으로 이끌 것이다.

1. 전문가형(Technical/Functional Competence)

전문가 유형의 사람들은 자신의 분야에서 전문적인 기술과 관련된 내용, 지향하는 전문성 영역 그리고 해당 영역에서의 기술 발달 상황에 따라 정체감을 형성한다. 이 유형의 사람들은 특정한 일에 대해 뛰어난 역량과 높은 동기를 가지고 있으며, 자신이 보유한 역량의 실현과 전문가로서 느끼는 만족감으로 일을 한다.

2. 총괄관리자형(General Managerial Competence)

이 유형의 사람들은 해당 분야의 사업이나 산업에 대한 총괄적인 경영 그 자체에 관심을 갖고 있다. 높은 책임감, 지도자로서의 기회, 조직 성공에 대한 기여를 하는 것, 그리고 높은 임금을 받는 수직적 상승에 주요 가치를 두고 동기가 촉발된다. 이 유형은 책임을 가진 조직 상부로 올라가는 야망을 갖고 있으며 중요 정책 결정에 책임지기를 원한다.

3. 자율/독립형(Autonomy/Independence)

이 유형의 사람들은 자신만의 방식으로 일하고 싶다는 강렬한 욕구를 갖고 있다. 가능한 규칙, 절차, 근무시간, 복장규정 등의 규율에서 탈피하여 살고자 한다. 대체로 조직보다는, 최대한의 자유를 보장하는 독립적인 형태의 직업을 선호한다. 이들은 조직생활이 그들의 삶을 제한하고 방해한다고 생각하는 경향이 있다.

4. 보장/안정형(Security/Stability)

보장/안정형은 안정감을 느끼고 미래의 일이 예측 가능한 수행을 필요로 하는 직업을 선호한다. 자녀의 양육과 교육, 자신의 퇴직 등 인생의 어느 단계에서나 안정적 재원은 중요한 요소이며 보상과 복리후생이 잘 되어 있는 튼튼한 조직을 찾는다. 일이나 직위 그 자체보다는 안전한 조직에 속해 있다는 것에 큰 가치를 두며, 정부 관료나 공무원직은 이들에게 매력적인 직종이다. 높은 직위를 갖거나 혹은 중요한 일을 하지 않더라도 조직 속에 자신의 정체성을 확인하는 것에 어느 정도 만족감을 느낀다.

5. 창업가형(Entrepreneurial Creativity)

이 유형의 사람들은 경제력 추구형 또는 비즈니스 창의성을 가진 집단이다. 새로운 조직을 만들어내어 자신의 노력을 확인할 수 있고, 자신만의 방법으로 살아남으며, 경제적으로 성공하게 될 서비스를 위해 가치를 창출해내는 유형이다. 새로운 것을 창조해내는 자체가 중요하기보다는 자신이 새로 창조한 조직이나 생산물, 기획을 중심으로 과감하게 사업을 시작하거나 그 일에 깊이 헌신하는 유형이다. 이들은 자신의 사업을 하고 싶은 강렬한 욕구가 있음을 일찌감치 발견하게 되기도 한다.

6. 봉사/헌신형(Service/Dedication to a Cause)

봉사, 헌신의 앵커를 가진 사람들은 직장이나 경력을 통해 그 분야에서 인정받는 것보다는 그들이 선택하는 직업과 소속한 조직이 더 나은 세상을 만들려고 하는 열망에 부응하는지를 중요시한다. 주로 이 유형의 사람들은 봉사와 헌신이라는 키워드에 부합하는 조직의 사업 비전이나 업무 목표가 있는 것이 중요하다. 의학, 간호, 사회복지, 교직 등과 같이 사람들을 돕는 직종은 이 성향의 사람들이 많이 선택하는 직업이다.

7. 순수한 도전(Pure Challenge)

이 유형의 사람들은 모든 것을 정복할 수 있다는 인식하에 직업을 선택한다. 성취하는 것에 큰 가치를 두고 그에 부합되는 직업을 선호한다. 불가능한 장애물을 극복하고, 극도로 이기기 힘든 상황을 이겨내는 것이 이들이 원하는 성공이다. 어떤 이들은 보다 어려운 문제에 직면할 수 있는 직업을 선택한다. 하면 할수록 지속적인 해결 과제가 주어지거나 더 힘든 도전을 하는 등 경영컨설팅이나 전략기획 등 역동적인 직업을 선택한다.

8. 라이프 스타일(Lifestyle)

이 유형의 사람들은 조직을 위해 기꺼이 일하기를 원하고, 다양한 일을 한다. 또한 올바른 선택이 적절한 시기에 가능하다는 것을 알려주는 조직의 규칙과 규제를 받아들인다. 이 유형의 사람들은 무엇보다 개인과 가족에 대한 관심을 존중하는 태도, 그리고 업무 계약과 관련해 열려 있는 조직의 태도를 중요하게 본다. 이들은 직업과 경력 그리고 가정을 균형 있게 묶을 수 있는 일을 선호한다.

나를 보듬을 사람은
다름 아닌 나

～～～～～

진로의 세계에서 좌절을 겪는 건 드문 일이 아니다. 하지만 좌절한 그 순간에 계속 얽매여 진로를 포기할 수는 없다. 진로라는 생애에 걸친 길고 긴 여정을 긍정으로 바라보는 것도, 부정으로 바라보는 것도 본인의 몫이다. 본 장에서는 그것이 희망의 시선이기를 바라며 경력 패러다임 속 변화를 받아들이는 키워드와 개인의 자존감에 대하여 주목하고 있다.

직장에 들어갔으나 앞날에 대한 불안감과 언제까지 이렇게 지낼 수 있을까에 대한 회의가 맞물려 많은 젊은이들이 경력 5~6년차에 자발적인 퇴사를 한다. 이제야 비로소 진짜 나를 찾아야겠다는 절박함과 평생 내가 즐겁게 할 수 있는 일이 무엇일까라는 화두를 붙잡고 진로탐색을 시작한다. 직장에 다니는 선배들을 보아도 큰 비전이 보이지 않을 때는 직장에 들어가자마자 퇴사를 결심하는 사례도 있다.

내가 만났던 20대 젊은 여성 유진 씨도 그런 분이었다. 어렵게 입사를 했지만 매일 이어지는 야근과 강도 높은 업무에 힘들었던 그녀는 얼마 전 퇴사를 했다. 주변에서는 좋은 직장을 그냥 다니지 왜 그만두느냐고 걱정스런 눈빛을 보냈지만 유진 씨는 흔들림이 없었다. 어린 시절의 꿈이나 흥미 따위를 위해서 이런 결정을 한 것은 아니었다. 그보다는 더 현실적인 이유 때문이었다. 아무런 목표 없이 하루하루 견디는 것이 고통스러웠다. 매일 소모되는 느낌은 그녀가 바라던 직장생활이 아니었고 자신의 미래가 그려지지 않았기 때문이었다. 가끔 업무 성과에 대한 칭찬을 듣곤 할 때엔 좀 더 참고 견디자는 마음도 들었지만 거의 매일 새벽까지 일해야 하는 패션유통업에서 생존한다는 것은 필요 이상의 인내심을 요구했다. 처음엔 신입이라 힘든 거라는 말에 견디고, 그 후엔 남들도 다 이렇게 힘들다는 말에 견뎌보았지만 위로가 되지는 않았다. 회사를 나가면 무엇을 해서 먹고살지 막막했지만 이런 삶은 정말 '아니다' 싶었다. 매일 이어지는 야근. 왜 이 일을 해야 하는지 답을 알 수 없다는 막막함. 막다른 골목에 다다른 느낌은 몇 년간의 경험을 통해 얻은 확실한 감각이었다.

그래서 유진 씨는 퇴사를 했다. 퇴사 후 3개월간은 여행을 다녀왔다. 5년 동안 휴가도 없이 일했던 자신에게 주는 최소한의 보상이었다. 여행을 다녀와서 다시 처음으로 돌아가 자신에 대해서 생각해보았다. 유통업에서 일해왔지만 그 분야가 딱 흥미 있는 것은 아니었다. 어린 시절부터 그림 그리기나 혼자 하는 활동에 관심이 있었던 유진 씨는 많은 사람들과 소통하는 일이 힘들었다. 그러다 고등학교 시절부터 웹디자인 일에 관심이 있었던 걸 떠올랐고, 취업성공패키지를 통해 1년간 웹디자이너 과정을 이수하였다. 그리고 몇 군데 이력서를 제출해보기도 했지만 회사생활에 대한 막연한 두려움 때문인지 정규직이 되고 싶지는 않았다. 적게 벌더라도 자유롭게 시간을 활용하고 싶었고 자기 삶의 주도권을 잃고 싶지 않았다. 그래서 프리랜서의 길을 택하였다. 일이 있으면

하고 없으면 여행을 다니며 사진을 찍었다. 유진 씨를 걱정하는 부모님은 저렇게 방랑객처럼 살다가 결혼도 못하면 어쩌나 하는 염려를 놓지 못하지만 유진 씨는 자신만의 진로를 만들어나가고 있다며 부모님을 설득하고 있었다.

강남역에서 '프리랜서 강사분들 일어나세요'라고 말하면 대부분이 일어선다는 이야기를 들은 적이 있다. 그만큼 프리랜서로 일하는 사람들이 늘어나고 있고 유튜브나 팟캐스트 등 개인이 자신만의 장기를 살려 미디어를 장악해나가고 있기에 과거에는 없었던 경력모델이 등장하고 있다. 또한 조직에서도 전통적인 종신고용 형태의 고용관에서 벗어나 단기적이고 제한적인 고용관계의 비율을 늘려가는 추세이기 때문에 프리랜서로 활동하며 독립적으로 일하는 전문가들도 늘어나고 있다. 직장에 소속되어 충성심을 제공하면 회사는 고용의 안정성을 제공해주었던 고용관계는 점차 약화되고 있는 반면 능력 있는 개인이 프로젝트 계약을 통해 기업을 상대로 일하거나 프리랜서로서 단기적인 계약하에서 일하게 되는 경우도 늘고 있다. 또한 능력 있는 개인이 사업의 주체가 되어 개인 대 회사 간 계약을 체결하고 일하는 경우 등 다양한 일의 형태가 등장하면서 상시 고용의 환경이 변화되고 있다.

이러한 경력 패러다임 속에서 전 세계적으로 관심을 끌고 있는 '긱 이코노미(Gig Economy)'이다. 마치 헐리우드 배우들이 하나의 영화를 위해 모였다 흩어지듯이 긱 이코노미에서는 각자의 전문성을 기반으로 모여 하나의 작업을 마치고 또다시 다른 프로젝트에 헤쳐 모이는 형태로 일을 해나간다. 실리콘 밸리의 개발자들이나 경영 컨설턴트 등은 과거에도 이러한 방식으로 일하는 비율이 높았었다. 최근 온라인 플랫폼이 성장하면서 이러한 형태의 일이 늘어났고 나에게 맞는 일을 찾기도 수월해졌기 때문에 반드시 일정한 직장에 몸담지 않아도 충분히 자신의 커리어를 개발해나갈 수 있게 된 것이다. 이러한 시대에서는 개인의 고용안정성보다는 고용가능성이 중요해진다. 전통적인 경력개발 패러다임에서는 개인에게 교육 훈련을 통한 직무수행능력을 향상시키는 것과 고용안정성을 높이는 것이 중요시되었다면 앞으로는 고용가능성이 점차 중요해지면서 자신에게 필요한 교육을 찾아서 듣거나 평생교육이 강화되고 직무교육이 강조된다. 이제는 많은 영역에서 종신고용의 관계가 해체되고 파트타임 인력이 그 자리를 대체하게 될 것으로 예상되고 있다.

최근 경력이론가들은 이러한 경력개발 환경을 설명하기 위하여 개인의 경력개발 동기에 초점을 맞춰 개인의 주도적인 경력개발을 설명하는 프로티언 커리어(protean career)에 주목하고 있다. 프로티언 커리어라는 용어는 그리스의 신 프로테우스(proteus)로부터 나온 은유적 표현으로 개인의 경력 역시 자신이 원하는 방향과 모습으로 스스로 변화시켜간다는 의미를 담고 있다. 프로티언 커리어는 환경 변화 속에서 개인이 경력관리의 책임을 지게 되는 시대적 변화에 부응하는 개념으로써 조직이 아닌 개인이 자신의 경력을 관리하는 과정(process)으로 간주하므로 개인 스스로가 주도성을 갖고 개인의 가치를 반영하여 의사 결정을 하는 태도를 강조한다.

프로티언 커리어로의 전환은 어느 한 조직이나 기관에 연결되어 있다는 경력의 개념과 평생고용이라는 독점적인 유대로부터 분리시키는 것을 의미한다. 프로티언 커리어 태도는 전통적이고 조직 중심적인 경력 태도와 몇 가지 면에서 다른 특성을 갖고 있는데, 첫째는 개인이 스스로의 경력을 관리한다는 점이고 둘째는 내부의 주관적인 기준에 의해 성공을 평가한다는 점이다. 즉 프로티언 커리어 태도를 갖춘 사람은 자신의 경력 경로를 선택하고, 관리하고, 내적인 성공을 추구하기 위해 탐색하는 과정을 포괄한다. 또한 승진, 보상 등 가시적으로 나타나는 객관적 경력 성공보다는 자부심이나 성취감 등 스스로 성공했다고 느끼는 주관적 경력 성공을 더욱 중요시한다. 더불어 일과 관련한 개인의 가치관도 변화하고 있는데, 일과 삶의 조화를 강조하는 경향이 두드러지고 있으며, 이직에 대한 개방성 역시 보편화되고 있다. 최근 유행하는 워라밸(Work & Life Balance)이나 욜로(YOLO) 등의 용어도 이들 경력 태도의 변화와 무관하지 않을 것 같다.

새로운 경력 패러다임에서는 '변화'를 기정사실로 받아들인다.

한 직장에서 오래도록 머무를 것인가를 고민하기보다는 어떻게 적극적으로 변화에 적응하고 자신에게 의미 있는 일을 찾을 것인가에 집중한다. 이러한 설명은 단순한 이야기처럼 들리지만 결국 자기 자신에 대한 인식이 선명해야 하며 왜 내가 이 일을 하려고 하는가와 같은 철학적인 질문에 스스로 답할 수 있어야 한다. 세상은 변화하고 조직 내외부의 환경도 변화하며 우리가 보유한 기술이나 지식도 빠르게 변화하고 있기 때문이다.

프로티언 커리어에서는 모든 것이 변화한다는 것을 충분히 받아들이고 그 속에서 적응해나갈 수 있는 개인의 역량을 강조한다. 확실한 것을 찾으려고 하기보다는 자기다운 길을 찾아 개척해나갈 것을 전제로 하기 때문이다. 결국 진로고민으로 되돌아온다.

어떤 역할을 수행하건 어떤 생애 단계에 위치해 있건 끊임없는 진로고민과 탐색을 요구하며 경험을 통한 시행착오 학습을 해나갈 수밖에 없다. 만화경 진로모델(kaleidoscope career model) 같은 포스트 모던 진로이론에서도 역시 강조하는 기준점은 자기다움이다. 구체적으로 진정성(athenticity), 균형(balance), 도전(challenge)과 같은 기본적인 항목이다. 진정성은 진짜 자기다운 선택을 허용하기, 균형은 일과 일 이외의 삶에서 균형을 도모하기, 그리고 마지막으로 경력 성공뿐만 아니라 자신의 책임감과 자율성에 대한 도진하기. 이 세 가지가 앞으로의 복잡한 환경에서 여러 차례의 진로결정을 해야 할 때 기준점이 되어줄 수 있으며 자기답게 살 수 있는 힘을 제공해준다고 가정한다.

진로는 가보지 않은 길이다. 우리가 등불로 삼아야 하는 것은 결국 흔들리는 외부 환경이 아니라 자기 내면의 등불이 아닐까 한다. 그러니 이제는 귀를 기울이고 자신의 목소리에 귀를 기울여야 한다. 직업이라는 단어 'vocation'의 어원은 'voice(목소리)'이기 때문이다.

　　'변화'를 중요한 키워드로 하는 21세기는 직업 세계에도
많은 변화를 가져오고 있어서 누구나 고용 상태의 변화, 직업의 종류와
구조의 변화, 직무의 내용 및 요구되는 직업 능력의 변화 등을 경험하고
있다. 따라서 자신의 진로에서 성공하고 만족하기 위해서는 그러한 직
업 세계의 변화에 잘 적응할 수 있어야 한다.

　　Savickas(1997)는 진로적응도(career adaptability)라는 개념을 제안하
고 "변화하는 직업 세계와 작업 환경에 대처할 수 있는 준비도(Savickas,
1997)"라고 정의하였다. 진로적응도는 특정한 일이 자신에게 맞는 일일
수 있도록 자신을 그 일에 맞추어나가는 과정에서 동원되는 개인의 태
도, 능력, 행동을 말한다. 이때의 적응력은 개인이 사회와 접촉하고 그
사회가 부과하는 과제들을 처리하기 위해 스스로의 진로 관련 행동을
조절하는 데 필요한 능력이면서 동시에 자신을 환경으로 확장해나가는

과정에서 형성되는 것이기도 하다. 즉, 진로적응도를 통해 개인은 자신의 자아개념을 직업적 역할 속에서 실현해내고, 그것이 바로 자신의 진로를 새롭게 만드는 과정이 된다.

Sacivkas는 진로적응도가 발휘되는 장면에서 필요한 진로적응도의 자원과 전략에 따라 4가지 차원을 구분하고 이를 각각 관심(concern), 통제(control), 호기심(curiosity), 자신감(confidence)이라고 명명하였다. 적응력을 가진 개인은 일하는 사람으로서 자신의 미래에 관심을 두고 직업적 미래에 대한 통제력을 높이며, 자신이 가능한 모습과 미래의 일에 호기심을 갖고, 자신의 포부를 추구함에 있어 자신감을 키워나가는 사람이다.

탄탄한 중견기업 재무 분야에서 25년간 근무 끝에 은퇴한 61세 명준 씨. 퇴직 후 약 4개월의 휴식을 취하고 나니 슬슬 무료하기도 해서 중장년 일자리 지원 기관을 방문하여 전문 컨설턴트와 상담을 했다. 61세라는 나이에 재무 분야로 재취업을 하여 관련 전문성을 살리기는 현실적으로 어렵다는 것을 알게 되었지만 포기하지 않고 젊은 시절부터 관심이 있었던 컴퓨터 분야를 재탐색한다. 고민 끝에 한국폴리텍 대학에서 디지털 콘텐츠 제작 과정을 8개월 가량 이수하였지만 현실은 생각보다 녹록지 않았다. 툴 기능만 조금 익히면 웹디자인이나 웹관리 업무를 할 수 있을 것이라 막연히 기대했지만, 디지털콘텐츠 분야는 기술적인 면뿐만 아니라 트렌드를 읽어내는 젊은 감각이 요구되는 일이기에 명준 씨에게는 너무나 도전적인 분야였던 것이다.

퇴직 당시만 해도 재무 관련 전문지식과 경험이 있으니 어떻게든 되겠지 싶었지만 생각한 대로 일이 풀리지 않아 답답하기도 했다. 그러던 차에 구청을 찾아가 직업상담사를 만나 취업상담을 받게 되었고, '중장년 취업 아카데미 건물 위생관리사 양성 과정'이라는 홍보 메일을 받게 되었다. 자세히 알아보니 빌딩관리, 혹은 빌딩미화 업무였다.

명준 씨는 신청서 작성과 면접을 거쳐 총 250시간의 교육 과정을 이수하였다. 재무관리를 하던 명준 씨의 커리어를 고려하면 선뜻 나서기 어려운 진로일 수도 있었겠지만 체력적으로도 건강하고, 아직 미혼인 두 명의 자녀를 생각하면 향후 15년 이상은 더 일을 해야 한다는 절박감이 있었기에 이 기회를 잡기로 했다. 명준 씨는 우수한 교육 태도로 청소용역 업체에 입사할 수 있었다. 과거 재무관리 능력을 살려 비품을 효율적으로 관리하는 서식을 만들고 청소용품 정리에 엑셀 프로그램을 활용하여 관리자로부터 능력을 인정받기까지 한다.

육체적으로는 힘든 부분도 있지만 갈 곳이 있다는 게 즐겁고, 무엇보다 아직은 일할 수 있다는 것을 증명한 것 같아 기쁘다고 그는 말한다. 익숙지 않은 일이었지만, 최선을 다하는 과정 속에서 현재는 위생관리 분야의 전문성을 익혀 인사관리나 비품관리를 책임지는 중간관리자의 비전도 품게 되었다고 한다.

명준 씨처럼 적응력을 갖춘다는 것은 말처럼 쉽지 않다. 나 역시 명준 씨를 통해 장기적인 커리어 설계와 성인기 발달 과정에 대해 깊이 생각해보는 계기가 되기도 했다. 적응력이 좋지 못한 사람은 자신의 미래에 무관심하며 나는 어쩔 수 없다는 태도를 취하고 부정적이며 자신감이 낮다. 대개 그런 분들은 수동적이고 비관적이다.

상담하는 내내 명준 씨에게 어떻게 그런 결정을 내릴 수 있는지 여러 차례 질문하였던 것으로 기억난다. 하지만 명준 씨는 정보를 구체적으로 알아보고 내가 아직은 건강하고 신체를 자유롭게 움직일 수 있다는 점에 주목했으며 새로운 일에도 호기심을 잃지 않았다. 예측하고 싶지만 예측이 불가능한 시대에는 무엇보다도 진로적응력이 필수 불가결한 요소이다. 강한 자가 살아남는 게 아니라 살아남는 사람이 강한 자라는 말이 유난히 크게 들리는 순간이었다.

우리는
여기에서 저기로
갈 수 있다

꽃들이 피고 녹음이 짙어지는 늦은 5월의 어느 날. 가방을 무겁게 들고 들어온 한 여자분과 상담을 하게 되었다. 2014년 졸업을 하고 꽤 오랜만에 학교에 들러 상담을 신청하게 되었다는 그녀는, 말투가 다소 딱딱하고 표정이 근엄하여 젊은 여성이었음에도 나를 살짝 긴장시켰다. 경직된 태도는 전염성이 강해서, 나도 조금 경직되었던 것 같다. 상대의 시선을 피하지 않는 날카로운 눈빛과 태도. 표정 없는 얼굴은 짙은 피로와 깊은 우울을 감춘 듯이 보였다. 그녀가 들어온 뒤 책상 위에 올려둔 노트북과 문서들이 꽤 어지러졌다. 가방에서 꺼내는 자료들을 보니 무엇인가 단단히 준비하고 온 듯한 인상을 풍겼다.

마음을 다듬고자 심호흡을 하였다. 그녀는 무척 잘 정돈된 서류함에서 이야기를 꺼내듯이 또박또박 자신의 이야기를 시간순으로 설명하였다. 그러

곧 본인을 이해하는 데 도움이 될 거라면서 지난 3년간의 행적이 담긴 종이 한 장, 최근에 적은 이력서와 자기소개서를 건넸다. 그리고 내게 답을 듣고 싶은 자신의 질문 리스트를 전달하는 것도 잊지 않았다. 지난 3년간 어떤 회사에 지원했고 어떤 전형에서 탈락했으며 자신의 경험은 어떠하며 가장 최근에 탈락한 서류는 무엇인데 왜 떨어졌는지 그에 대한 코멘트를 듣고 싶어 찾아왔노라고 하였다.

준비한 듯 풀어놓는 이야기는 막힘이 없었다. 그녀의 학점은 무척 우수했고 영어 성적과 회화 수준도 탁월했으며 제2외국어 실력도 수준급이었다. 인턴을 두 번 정도 하였고 중견기업에서 1년 3개월 정도의 경력도 있었으며 대학 시절에 관련 분야 공모전에서 수상한 이력도 있었다. 글쓰기 실력도 나쁘지 않았고 자기소개서에 부적절한 표현 같은 것도 없이 그야말로 무척 성실하게 작성했다는 것을 한눈에 보아도 알 수 있었다. 하지만 그중 눈에 띄는 한 가지 공통점은, 그녀가 지난 3년간의 구직활동에서 모두 최종 면접에서 탈락했다는 점이었다.

열 군데 이상 최종 면접에서 탈락했다는 이야기를 하면서 그녀는 나를 정면으로 응시했다. 어떤 흔들림도 없는 눈빛이 조금 도전적으로 느껴지기도 했다. 남들은 도대체 어떤 스펙을 갖고 있길래 합격을 하는 거냐고, 혹시 내가 나이가 많아서 안 되는 것인지 질문도 했다. 면접에서 자신보다 말을 못했던 지원자들도 모두 합격을 하였고 심지어 실수를 한 지원자도 붙었지만 본인은 떨어졌다는 것이다. 그녀의 이야기는 여기에서 잠시 멈추었다. 나도 듣기를 잠시 멈추었다. 그녀에게 진심으로 도움이 되려면 나는 어떤 반응을 해주어야 할까? 섣부른 위로나 마음에 없는 공감을 하고 싶지 않았다.

어쩌면 그녀는 자신을 옭아맨 어떤 것으로부터 벗어나고자 나를 찾아왔을지도 모르기에 위험을 감행할 필요가 있었다. 그녀는 자신의 이력을 시간순대로 체계적으로 말해주었지만 나는 아직 그녀가 누구인지, 어떤 사람인지 알기가 어려웠고 진짜 자신을 보여주고 있다는 생각도 들지 않았다. 그래서 질문했다.

"진짜 '나'에 대해 말하고 있다는 느낌이 잘 전달되지 않는 것 같아요. 이렇게 해야 한다는 정형화된 말을 하는 것 같아서 정작 본인 자체의 매력이 모두 감춰지는 것 같은데… 혹시 이런 비슷한 이야기를 들어본 적은 없나요?"

그녀의 눈동자가 살짝 흔들리는 모습을 보였다. 최종 면접에서 가장 많이 들었던 이야기가 그 이야기라며, 조금 당황해하면서도 상반신을 내가 앉은 쪽으로 더 당겨 앉았다.

"회사의 인재상이나 조직에서 바라는 사람에 맞추려고 의도한 대답 말고, 상대가 듣기를 기대하는 뻔한 대답 말고… 진짜 지영 씨는 어떤 사람인가요?"

그녀는 망설이는 듯하다 할 수 없다는 듯한 태도로 말을 이어갔다.

"저는 원래 협력적으로 일하는 것을 못하는 사람이에요. 혼자 일하는 게 편하고, 사실 지금까지도 혼자서 거의 모든 일을 해왔어요. 저는 경쟁에서 이기는 데 성취감을 느끼고, 능력이 없는 사람은 버리고 가는 편이에요. 하지만 이런 저를 솔직하게 말하면 안 되잖아요?"

"그렇게 직설적으로 이야기한다면 거칠게 느껴지고 당황스럽기도 하겠지만… 그래도 이 이야기를 하는 모습에서는 진짜 자기 이야기를 한다는 느낌이 들어요. 이제야 지영 씨가 저와 이야기를 나누는 것 같군요. 그리고, 저는 지영 씨의 장점도 알 것 같아요."

"제 장점이요?"

"네. 판단이 매우 빠르고 비판적인 듯 보여요. 그러면서 동시에 주도적인 편인 것 같군요. 만약 당신에게 권한이 주어진다면 당신이 얼마나 민첩한 통솔력을 보여줄지 상상이 되어요."

그녀는 한동안 말없이 있다가 진짜 자기는 바로 그런 사람이라며 고개를 떨구더니 갑작스럽게 눈물을 주체하지 못하고 쏟아내었다. 상대가 원하는 모습으로 이야기하려 노력했지만 결과는 탈락이니 이제는 자신의 존재 자체를 부정당하는 기분이었다고 한다. 탈락은 자신이 살아온 모든 것이 쓸모없고 가치 없다는 평가 결과인 것 같아, 이젠 자신이 진짜 누구인지도 알 수 없었다고…. 그녀는 아파하고 있었고, 힘들어하고 있었다. 상처 입은 짐승이 제대로 신음소리도 내지 못하는 듯한 느낌을 받았다. 소리를 지르고 싶은데 꾹꾹 참는 사람처럼 보였다. 아마도 그 부분이었을 것 같다.

우리나라 굴지의 대기업에 최종 직전까지 올라간 그녀는 직무나 기업이나 산업 등에 대해서 자동녹음기처럼 대답을 했지만 무표정한 그녀의 얼굴은 무엇인가 몹시 부자연스런 느낌을 주었을 것이다. 그런 부자연스런 표정은 마음의 상태를 그대로 드러내고 있었다. 꾸며진 미소를 짓고 준비된 답변을 해도 마음을 비켜 가긴 어려운 법이기 때문이다.

대부분의 일을 혼자서 해결한다는 그녀의 말에서 고단함 같은 것이 느껴졌다. 그래야만 하는 어떤 배경이나 이유가 있지 않을까 짐작해볼 수 있는 부분이었다. 더욱이 '능력이 안 되는 사람은 버리고 간다'는 말 또한 여운을 남겼다. 예전에 12년간 혼자서 밥을 먹었다는 한 남자의 사례를 알고 있었기 때문이다.

당시 그 남자의 외로움은 매우 뿌리가 깊었고 다른 사람들과 관계를 어떻게 맺어나가는지 알지 못했기에 타인과 나누는 일상적인 인사나 사소한 대화마저도 힘겨워하던 사람이었다. 살아남아야 한다는 생각으로 똘똘 뭉쳐 온몸에 힘을 주고 살았지만 언제나 혼자일 뿐이었던 그였다. 그에게서 느껴지던 저항감 같은 것이 내 앞에 앉은 그녀에게서도 느껴지면서 왠지 그녀를 이해할 수 있을 것 같았다.

그는 자기를 드러내 보이는 것을 자기의 약점을 보이는 것과 동일시했고, 상대가 그런 자신을 알면 공격해올 것이라는 가정을 했기 때문에 하나의 행동에서도 상대의 반응을 수없이 예측하느라 늘 머리가 아픈 사람이었다. 불행히 그의 두려움과 안전에 대한 집착은 어느 누구와도 진실한 감정을 나누지 못하게 되는 장애물이 되었고 결과적으로 외로워졌다.

이야기를 나누는 그녀의 얼굴을 찬찬히 다시 바라보았다. 나이에 맞지 않게 여드름이 잔뜩 나고 머리는 부스스하다. 낡은 티셔츠가 보였다. 서른을 목전에 둔 여자가 아르바이트를 전전하는 상황 속에서 그녀는 힘들다고 온몸으로 이야기하고 있었다. 그러나 나는 암울한 현실 속에서도 그녀에게 돌려줄 희망 같은 어떤 것을 찾고 있었다.

간단하게는 그녀의 강점일 수도 있을 것이다. 희망을 놓치고 싶지 않았다. 그녀에게는 아직 발견되지 않은 강인함과 성실함이 있어 보였다. 그녀가 그것을 알고 자신의 강점으로 활용할 수 있을까? 그녀는 총명하고 날카로운 분석력을 겸비하였으며 포기하지 않고 최선을 다하려는 성실함을 갖고 있었다. 그 지점은 그녀에게, 또 나에게 중요하다고 생각되었다. 나는 내가 느낀 그대로를 진솔하게 전달했고, 조금 더 가까워진 느낌 속에서 이야기를 나눌 수 있었다. 한참 눈물을 쏟아낸 그녀는 돌아갈 즈음 이런 이야기를 했다.

"저는 사실 상담에 아무런 기대를 하지 않았어요. 당신이 나를 도와줄 수 있다고 생각하지 않았고 내 상황에 대해서 현실을 보라거나 눈을 낮추라거나 그런 소리를 한다면 그 정도도 다행이라고 생각했었죠. 혹시 어떤 비판적인 이야기를 듣게 되면 어떻게 대응할까 하는 생각만 하고 왔어요. 그런데 왠지 정말 큰 도움을 받은 것 같아요. 선생님 생각하시기에… 제가 진짜 저를 보여주어도 될까요?"

자신의 존재 자체를 거부당하는 것 같은 반복된 실패 경험은 누구에게나 힘들다. 모든 게 그녀의 잘못도 아니고, 누군가의 해코지도 아니기에 절망과 희망이 교차하는 날들 속에서 때로는 힘들고 때로는 견딜 만하다. 그러다 현실에서 다음으로 나아갈 길이 전혀 보이지 않는 암울한 상태. 그것을 우리는 절망이라고 표현한다.

여기에서 저기로 나갈 수 있는 길이 보이지 않을 때가 비로소 우리에게 드리워진 절망의 순간인 것이다. 절망에 빠진 누군가를 상담으로 만나게 될 때, 나는 강력한 메신저가 되려고 노력한다. '여기에서 저기로 갈 수 있다'라는 말을 품은 메신저가 되려고 노력한다. 이 말은 희망 연구의 세계적인 대가 Snyder 교수가 즐겨 사용하던 표현이다.

꿈꾸는 미래에 비해 보잘 것 없는 현실이 '여기'라면 우리가 원하는 목표 지점은 '저기'이다. Snyder 교수의 이 말은 이후 많은 이들에게 내적 신념을 불러일으키는 말이 되어주었다. 무엇보다 중요한 것은 여기에서 저기로 우리를 이끄는 주체가 자기 자신이라는 것을 명심할 필요가 있다.

Adler는 인간을 목적론적 존재로서 현재를 바탕으로 미래지향적 삶의 목적을 향해 노력하는 존재라고 했다. 희망 이론은 긍정심리학과 Adler의 인간관계에 바탕을 두며 사람들이 원하는 목표를 이루기 위해서 다양한 경로를 찾고 활용하려는 동기를 가지고 있다고 제안하였다.

이 이론에서 희망 수준이 높은 사람들은 도전적이며, 실패보다는 성공에 초점을 맞추고 목표 달성에 대한 가능성을 많이 지각하며, 어려운 문제를 해결해야 할 상황에서 자신을 도와줄 사회적 지지망을 생각하고 적극적으로 도움을 요청한다(Snyder, 2000). 반면 희망 수준이 낮은 사람은 최선을 다하지 않으며 실패에 초점을 맞추고 목표를 달성하지 못할 가능성에 많은 관심을 보이며 부정적인 정서 상태를 유지한다. 장애가 발생했을 경우 희망 수준이 높은 사람은 우리의 삶에는 어려움이 있기 마련이라고 여기는 반면, 희망 수준이 낮은 사람은 그러한 난관이 자기에게만 일어나는 일로 지각하는 경향이 있다. 또한 희망 수준이 높은 사람은 어려운 문제를 해결해야 하는 상황에서 사회적 지지망을 생각하고 도움을 적극적으로 요청하지만 희망 수준이 낮은 사람은 자신을 도와줄 사회적 지지망이 없다고 생각하고 사회적 지지를 구하지 않는 경향이 있다.

결국 희망 수준이 높은 사람은 희망 수준이 낮은 사람보다 어려운 문제 상황에서도 긍정적 정서 상태를 유지하고 어려운 상황에 직면하여도 성공적 결과를 위해 다양한 가능성을 사용하여 문제를 잘 해결해 나간다고 볼 수 있다.

Snyder(2002)는 희망을 작동시키는 데 세 가지 힘이 필요하다고 하였다.

첫째, 목표(Goal)이다. 인간의 행위는 근본적으로 목표지향적이기에 인간의 모든 행위는 어떤 목표의 달성과 연관되어 있다고 가정한다. 목표 달성 가능성에 대한 긍정적 기대는 희망과 연관된다.

둘째, 통로사고(Pathway Thinking)인데, 이 개념은 목표 달성에 필요한 가능한 방법들을 발견할 수 있다는 지각된 능력을 강조한다. 즉, "나는 이 일을 수행하는 데 필요한 방법들을 찾을 수 있을 것이다"라는 내적 메시지와 같은 형태로 나타나기도 한다(Snyder, Lapointe, Crowson, & Early,

1998). 통로사고는 목표 달성을 위해 적어도 하나, 또는 그 이상의 방법들을 발견할 수 있다는 것을 의미하며, 사람들이 어려움에 처했을 때 중요한 역할을 수행한다. 희망 수준이 높은 사람들은 대안을 보다 쉽게 발견할 수 있다고 생각하며, 실제로 대안적인 방법들을 매우 효과적으로 만들어낸다(Irving, Snyder,& Crowson, 1998; Snyder, Harris, et al., 1991).

셋째, 마지막 요소는 주도적 사고(Agency Thinking)를 말하는데, 주도적 사고란 목표 달성을 위해 다양한 통로들을 사용할 수 있다는 지각된 능력을 나타낸다. 이것은 "나는 이 일을 해낼 수 있다"와 같은 내적 대화로 표현된다. 주도적 사고는 사람들이 어려움에 처했을 때 커다란 중요성을 갖는다. 즉, 어려움에 처했을 때 대안적 통로들 중에서 최선의 통로를 선택하여 사용하도록 동기화시키기 때문이다(Snyder, 1994).

결론적으로 희망이란 통로사고와 주도적 사고의 상호작용을 통해 기대되는 성공적 결과에 대한 긍정적 동기 상태이다(Snyder, Irving, & Anderson, 1991). 희망적 사고에는 가능한 방법들을 발견해낼 수 있다는 능력(통로사고)에 대한 지각과 이들을 잘 활용할 수 있다는 능력(주도적 사고)에 대한 지각 모두가 필요하며, 통로사고가 주도적 사고를 증진시키며 주도적 사고는 다시 통로사고를 증대시킨다.

힘들었던 과거 때문에 미래를 향한 전망을 부정적으로 하는 것은 너무나 당연하다. 그러나 과거는 우리가 앞으로 만들어갈 미래를 만들어내는 유일한 결정 인자는 아니다. 과거의 수행은 유의미한 예측 인자이지만 그것만이 전부는 아닌 것이다. 진로상담실에 찾아오는 많은 이들에게 나는 새로운 인생 스토리의 주인공이 될 수 있도록 돕고 개인의 새로운 정체성을 만들어나가는 과정에 동참한다.

절망에 빠진 우리에게 필요한 것은 막연한 소망이나 근거 없는 무한 긍정이 아니라 자신에게 의미 있는 목표에 대해 생각해보고 그 과정에서 맞닥뜨릴 여러 가지 장벽들과 어려움에 대해서 구체적으로 예상해보는 일이다. 희망의 한계에 대해서 생각해보는 것이다. 또한 불확실한 것들에 대한 두려움에 대해서 이야기하고 위험에 연관된 스트레스를 참아낼 수 있는지 현실적으로 평가해본다. 인내심의 한계와 의식적인 통제력 또한 함께 고려해보는 것이 경로사고 안에 포함된다. 그리고 그 모든 것들을 내가 해낼 수 있다는 것이 주도사고인데 이러한 주도사고를 높이기 위해서 여러 가지 인지행동 치료의 방법과 심상 훈련 등 동기 수준을 높이는 다양한 기법들을 활용할 수 있다.

진로상담 시간에 우리가 희망에 대해 다루는 것들은 위와 같은 내용들이다. 또한 좀 더 깊은 상담이 이어지게 된다면 우리는 오래된 불안과 직면하고 과거의 자기와 결별하기, 그리고 의도적인 제약과 통제를 하기도 한다. 희망 수준을 높이는 새로운 네트워크를 만들고 가장 희망적인 롤모델을 따라해보기도 한다. 진로상담 연구에서 많은 시도가 되는 변인이 희망이라는 데에 기대를 갖게 한다.

오늘보다 내일이 더 나아질 것이고, 그렇게 만들 저력이 내게 있으며 우리는 그 방법을 찾을 수 있을 것이라는 믿음은 그냥 모든 것이 다 좋아질 것이라고 기대하는 것과는 다르다. 선택하는 것이고, 노력하는 것이고, 힘겨운 일이다. 그러나 가치로운 일이다.

예전에 보았던 영화 '스파이더맨'에서 절망에 빠진 스파이더맨이 할머니 집에 찾아와 힘들다는 고백을 하는 장면에서 언제나 희망을 선택하는 할머니는 스파이더맨에게 이런 말을 한다.

"우리는 언제나처럼 방법을 찾을 수 있을 거야."

현실은 어렵고 난관의 연속이지만 궁극에는 해결할 수 있다는 강력한 믿음을 담은 그 위로는 효과가 있었다. 희망은 구체적인 노력, 장애물이 있을지라도 방법을 찾을 수 있다는 믿음, 가치 있는 목표가 있을 때 일어난다.

절망에 빠져 있을 세상의 모든 지영 씨들에게 희망이 깃들길 바라본다.

때론
좌절해도
다시 꿈꿀 것

내가 학력고사를 치른 지도 어언 28년이 지나고 수능을 치른지도 꽤 오랜 시간이 흘렀다. 그러나 그날의 기억은 왜 이리 선명한지, 오늘 아침부터 뻐근했던 목과 불편한 심기의 정체가 비로소 명확해졌다. 이유를 알 수 없는 불안감에 초조감까지 느낀 하루이기도 하였다. 그러다 학력고사를 치른 날 저녁 무렵의 절망감을 기억해내니… 오늘 내 불안의 정체를 파악하고 말았다. 꽤 장기간 입시생의 입장에서 벗어나지 못했던 나의 젊은 날. 미래의 시간을 상상하기조차 버거웠던 그 시절, 내내 숨 막히던 답답함은 이 나이가 되어도 잊혀지지 않는 기억들이다.

무엇을 원하는지 생각해볼 겨를도 없이 고3이 되었던 시절, 내 인생에 대한 계획을 세울 시간도 없이 무엇인가가 결정되어버린 참담함, 그럼에도 해내야만 한다는 부담감에 짓눌려 괴로워했던 나의 젊은 날이

온전한 생채기를 남긴 채 기억 저편에 놓여 있었다. 과거의 상처는 이만큼 시간이 흘렀어도 나를 괴롭혔다. 20대 중반 혼자 도전한 수능. 아무런 지지자도, 응원자도 없었던 수험생의 시절. 예닐곱 살은 어린 친구들과 함께 수능시험을 보며 조용히 도시락을 꺼내 들고 먹기 싫은 밥을 먹던 순간은 외로운 날이었다. 먹어야 한다는 생각들 저편에 나이라는 부담감을 짊어지고 막연한 미래와 싸우던 시간이었다. 당시의 기억들을 하나부터 열까지 떠올리면 울음이 날 것 같다. 청춘의 시간은 나를 아프게 했다.

돌이켜보면 대학 입시는 하나의 과정이며 내 삶의 또 다른 플랫폼에 불과함에도 그 당시 나에게 대학 입시는 내 인생을 결판내는 하루, 그것으로 모든 것이 귀결되는 일생일대의 날, 성공할 것인가 아니면 실패할 것인가를 가르는 하루였다. 더 끔찍한 것은 그런 판단 착오에 대해서 알려줄 사람이 아무도 없었다는 현실이었다. 입시만 잘 보면 장밋빛 미래가 펼쳐지리라는 엄청난 착각, 그래서 입시에만 신경 쓰느라 아무런 꿈도 꾸지 못했던 시절. 미래를 담보로 현실을 견뎌내는 데만 골몰했던 청춘이었고, 잔인한 나날들이었다.

얼마 전 '아무것도 하고 있지 않지만 더 격렬하게 아무것도 하고 싶지 않다'라는 표현을 본 적이 있다. 이 문장은 라이너스라는 래퍼의 'Man in the mirror'라는 노래의 가사인데, 처음 이 문장을 접했을 때 놀랍도록 공감이 되었다. 좀 이상한 말이라는 느낌도 들지만 설명할 수 없는 묘한 자극으로 오래도록 잔상이 남았다. 논리적으로 설명하긴 어렵지만 아무것도 하고 있지 않지만 더 격렬하게 아무것도 하고 싶지 않은 그 마음…. 너무 잘 알 것 같았기 때문이다.

입시를 끝내고 '망했다'는 생각에 내 인생에 더 좋은 날은 없을 것이라는 짧은 시야로 깊게 덮친 우울과 절망감은 이루 설명할 수 없는 괴로움이었다. 두 달 동안 꼼짝없이 누워만 있던 좀비 같던 내 청춘의 시간은 탈락이라는 결과 앞에 무기력했다. 인간이 이렇게도 될 수 있구나. 아무런 희망이 없다는 것이 이런 것이구나. 아무리 울어도 들어줄 사람이 없구나. 이걸로 나는 끝이구나. 점점 나빠지기만 하던 현실들이 한꺼번에 나를 엄습했던 기억이 있다. 그때 나는 실패자로서 자신을 자학하고, 자학하면서 내 미래의 전망을 모두 비관적으로 그리는 잘못된 인지 과정을 거치는 중이었다. 우울하지 않다면 그게 더 이상한 노릇이었다.

아마 이때의 심정이 아무것도 하고 싶지 않은 마음이었을 것이다. 입시도, 인생도, 그저 죽고 싶다는 생각. 아무런 기대를 할 수 없을 것 같던 시간들. 인생은 이걸로 종쳤다는 생각. 더 나빠지려야 나빠질 수가 없으리라는 확신. 깊은 바다의 저 심연까지 내동댕이쳐졌다는 확신. 더 가라앉을 것이 없을 것 같은 참담한, 열등감과 패배감에 뒤엉킨 그때의 나는 그 모든 것들을 한 움큼 안고 절망 안에서 허우적거리고 있었다. 장래에 관한 시간 조망도 짧았고 나의 가능성에 대해 달리 생각해볼 기회를 주거나 내가 가진 잠재력에 대해 이야기해주는 사람도 없었고 내 강점에 대해, 혹은 또 다른 대안을 제시해주는 사람이 한 사람도 없었기 때문이다. 어쩌면 그래서 나는 진로상담사가 되었는지도 모르겠다. 모든 것이 그렇지만 그 당시에는 알 길이 없었다.

며칠 전 강남 한복판에서 학부모 대상의 진로교육 특강을 하게 되었다. 모든 것이 대학 입시에 초점을 맞춰 진행되는 진로교육에 대한 저항감일까? 강의 당시 왠지 나의 목소리는 조금 더 격앙되고 힘이 들어갔던 것 같다.

누구에게나 해당이 되겠지만 진로선택의 과정에서 실패와 성공은 늘 교차된다. 그렇지만 실패의 과정을 통과하는 이와 그대로 주저앉는 이들은 분명히 차이가 있고 그 지점이 진로선택에서는 매우 중요한 부분이다. 노력을 했지만 실패할 수 있고, 최선을 다했지만 기대했던 결과를 얻지 못할 수도 있다. 실패를 겪어낼 수밖에 없다면 우리는 우리 자신에게 도움이 되는 방식으로 이 과정을 통과해냈으면 좋겠다. 실패 없이 성공한 사람은 없고 실패를 통해 배우게 되는 것이야말로 진짜 자산이 되는 것이다.

그것이 대학 입시이든 취업이든 전직이든 재취업이든 상관없이 우리는 실패의 시간을 견디고 또 통과해야만 한다. 그런 시간 없이 모든 것이 순조롭기만 하다면 좋겠지만 어디 현실이 그런가? 이런 실패의 시간, 자기불신의 시간에 자신을 믿는 것조차 너무도 힘들겠지만, 내가 진심으로 말하고픈 이야기는 그런 순간이야말로 자기 자신을 믿어야 할 때이며 우리에겐 근거 없는 자신감이라도 필요한 때이다. 더욱이 앞으로의 사회는 불확실성의 사회, 어떤 것도 확신하기 어려운 사회가 될 것이다. 이런 때에는 그야말로 자기 자신을 믿어야 한다. 그리고 혹여 일이 안 풀리더라도 포기하지 않겠다는 각오가 있어야만 한다.

최근 들어 진로에서 매우 중요한 자본이 '정서'라는 이야기를 많이 하게 된다. 아마도 불안한 사회가 가진 속성 위에서 우리가 우리 자신을 믿고 앞으로 나아가기 위해서는 건강한 정서가 기반이 되어야 한다는 뜻일 것이다. 자신을 믿고 포기하지 않겠다는 마음 또한 건강한 정서 속에서 나타나는 것일 수도 있다. 그러나 건강하고 안정된 정서가 저절로 이루어지는 것도 아니고 자기 혼자 노력한다고 되는 것도 아님을 알아야 한다. 건강한 정서는 양육된 환경이나 주변의 정서적 지지가 중요하다. 특히 진로 영역에서 부모의 역할이 있다면 정서적인 안정감을 만들어주는 것이 아닐까 생각한다. 우리가 경험하는 가장 가까운 타인과의 좋은 관계의 경험은 좌절과 실패의 순간에 스스로를 믿는 내적인 기반을 제공할 것이기 때문이다.

Bowlby의 애착에 관한 연구는 관계의 중요성에 대해 시사하고 타인과 좋은 관계를 유지하는 것의 중요성을 이해할 수 있는 틀을 제공하였다. 애착 관계는 인간 발달의 핵심적 맥락으로, 유아가 양육자와 반복적으로 경험하는 상호작용이 작동모델로 내면에 저장되어 관계에 대한 지식을 형성한다는 전제에서 시작한다.

일반적인 심리치료에서는 초기 관계에 문제가 있었던 내담자에게 치료 관계를 통해 상담사가 안전 기지(secure base)를 제공함으로써 내담자가 자신의 내적 작동 모델을 재평가하고 재구성하도록 돕는다. 내담자는 상담사가 제공하는 안전감 속에서 중요한 대상과 맺고 있는 관계

방식을 탐색하고, 알고 있지만 생각해보지 않은 것들에 대해 접촉하는 기회를 갖는다. 이러한 관계적·정서적·성찰적 과정을 통해 경험을 통합하고 일관되고 안정된 자기감을 키우며 애착 유형을 변화시킨다.

우리의 초기 관계가 안정된 것이었다면, 정서적으로 안정된 표상을 형성할 가능성이 높고 이들은 상처를 받는 많은 일들이 발생하더라도 감정적인 평형을 회복할 수 있으며 자신을 안심시켜주었던 내적인 존재에게 심리적으로 의지하면서 어느 정도의 탄력성을 갖고, 또다시 세상을 향해 탐험할 수 있는 자신감을 얻게 된다. 반면, 내면화된 안전 기지가 없을 경우 이런 탄력성은 결여되거나 줄어든다.

진로상담을 하면서 다양한 실패와 좌절로 힘들어하는 내담자를 만나게 된다. 입시의 실패나 중요한 시험의 탈락, 취업이나 구직 과정의 어려움 등은 우리의 마음을 다치게 하고 우울하게 만든다. 안정된 정서를 가진 이들은 그럼에도 불구하고 불확실한 세상을 향한 탐색을 시작하고 새로운 시도를 위한 용기를 내며 설령 실패하더라도 자기를 돌보고 회복할 힘을 얻곤 한다. 어린 시절 좋은 부모나 민감한 주 양육자가 있다면 다행이지만 없다고 해도 그렇게 낙담하지는 않았으면 좋겠다. 진로상담사들은 상담 과정에서 이러한 부분에 대한 노력을 지속적으로 기울이기 때문이다.

우리는 원하는 시험에 탈락하기도 하고 희망하는 기업에 불합격하기도 한다. 이럴 때 편안히 기댈 수 있는 과묵한 그늘 같은 사람이 필요하다. 아무런 말을 하지 않아도 좋다. 우리의 마음을 조율하고 귀 기울이는 한 사람만 있어도 반드시 새로운 힘을 얻을 수 있을 것이다. 우리의 삶에서 성공과 실패는 언제나 절반씩 존재한다. 그 과정을 통과하는 데에는 누군가가 필요하고 격려와 지지를 해주는 존재가 도움이 된다.

힘든 마음에 귀 기울여주는 사람이 한 명이라도 있다면 분명히 다시 일어날 수 있을 것 같다는 한 내담자는 어느 날 문득 출근길에 지하철을 탔는데 자신의 모습이 마치 쳇바퀴를 맴도는 다람쥐 신세구나 싶어 불쌍해서 울게 된다는 분이 계셨다. 내일이라고 뭐가 달라질까? 나에게 다른 미래가 있을까? 더 나빠질 것도, 더 좋아질 것도 없는 하루하루. 아무런 기대도, 열정도 없고, 바람도 없고, 동기도 없는 나날들에 지쳐가지만 아무에게도 털어놓을 수 없는 것이 가장 힘든 부분이라고 하며 울적해했다.

심리적인 요소와 개인을 둘러싼 환경적 요소가 모두 우리에게 영향을 미친다. 특히 진로의사 결정 과정은 합리적인 과정을 통해 이루어지는 것 같지만 많은 부분 직관적이고 정서적인 느낌에 의해 이루어지는 경우도 많고, 반복적인 직장생활의 실패나 직장 부적응 이면에는 자신의 정서에 대한 이해 부족이 문제가 되는 경우도 많다.

반복되는 직장 적응의 문제, 일을 하고 있으나 무의미함에 힘든 나날, 소진되는 기분, 쓸모없는 사람이 된 것만 같은 우울, 앞날을 기약할 수 없는 불안은 진로상담 과정에서 반드시 다루어야만 하는 감정이고 호소 문제이다.

감정이라는 단어의 어원이 시사하듯, 감정은 행동을 추진하다.

Bowlby에 의하면 감정적인 평가는 즉각적인 결정 – 예컨대 싸울지, 혹은 달아날지와 같은 결정–을 촉진했기 때문에 생존에 유리한 가치가 있었다. 진화론적 설계에 의해 특정 감정들은 자동적으로 독특한 행동 경향성을 촉발하도록 우리 안에 입력되어 있다. 화는 직면이나 억압을 유발하고, 두려움은 달아남이나 신체적 마비를 유발하며, 무력감은 와해를 유발한다.

아무것도 하고 싶지 않은 마음의 공허는 어쩌면 이러한 감정적인 문제와도 관련이 되어 있을 수 있다. 또한 감정은 항상 몸과 연결되어 있다. 신체적 감각은 우리가 우리의 감정이 갖는 최초의 형태이고 또한 감정은 대개 몸을 통해 표현된다. 우리는 감정을 느낄 때 몸에서 일어나고 있는 것을 감지할 때 도움이 된다. 진로상담실에서 만나는 내담자들은 이유를 알 수 없는 슬픔, 그리고 설명할 수 없는 우울감을 호소하는 경우가 많다. 아마도 자기 자신으로 충분히 수용된 경험이 없는 경우 그런 슬픔이 몸으로 마음으로 우리에게 신호를 보내는 것이라고 보아도 좋을 듯하다. 알 수 없는 두통, 설명할 길이 없는 반복 행동, 솜뭉치처럼 가라앉는 근육통, 손끝 하나 움직일 힘이 없는 무기력부터 팔다리의 마비나 강박행동까지.

우리의 정서는 깊이를 알 수 없을 만큼 우리 삶에 영향을 미친다.

마음의 소리에 귀 기울이는 것은 절대로 시간 낭비이거나 마음이 약한 탓도 아니고 정신이 나약한 탓도 아니다. 이마저도 혼자서 해결해보려고 심리학 서적을 탐독하고 독학으로 심리학자에 이르신 분들을 만나게 되지만 프로이드와 융, 그리고 아들러를 모두 이해하더라도, 또는 스스로의 문제를 혼자 힘으로 진단하고 설명할 능력이 있다 하더라도 한나절의 감정도 다스리기 어렵고 작은 말에도 눈물이 샘솟을 가능성이 있다. 그것은 우리가 지식이 부족하기 때문에 아니다. 우리의 정서라는 부분은 혼자만의 힘으로 조절하거나 통제하기가 매우 어려운 것이며 관계 속에서 경험으로 받아들여지고 수용되는 과정 속에서 경험으로 발달하는 것이기 때문이다. 아마도 자기의 감정을 알아채는 좋은 신호는 몸의 반응일 것이다.

자신의 몸과 마음의 소리에 귀 기울일 때 조금은 편안한 나로 살아가는 길이 열릴 수 있다.

해도 어차피 안 될 거야.
대단한 성공이 아니라면 인정받지도 못할 텐데.
남들이 알아주지도 않는데 노력해봤자 고생이야. 관두자!

이 모든 양념이 모여서 견고한 심리적 실체가 되면 자신이
가진 재능과 가능성의 싹을 잘라버리게 된다. 부정적인 생각을 긍정적으로
변화시키는 과정은 힘겹지만 상담 과정에서 특히 진로장벽에 놓인 많은 내
담자들과의 작업에서 스스로에 대한 생각의 틀을 바꾸는 작업이 가장 중요
한 부분이다. 이 과정에서 중요한 지렛대는 자아존중감으로 알려져 있다.

대표적인 진로이론가인 Super(1957) 역시 인지지각 이론(Cognitive
perceptual theory)에서 '자아존중감이 높은 사람은 낮은 사람에 비해 자기 자신

과 다양한 직업적 역할에 대해 더 명확하게 지각하고 더 뚜렷한 직업적 자아개념(Vocational self concept)을 가지고 있을 것이다'라고 주장하기도 했다.

자아존중감(self-esteem)은 개인의 자기체계, 성격 및 행동을 이해함에 있어서 중요한 심리적 개념으로서, 학자에 따라 매우 다양하게 정의되어 왔다. Rogenberg(1965)는 자아존중감을 자아에 대한 긍정적이거나 부정적인 태도로 정의하였다. 자아존중감은 자신의 가치나 중요성에 대한 자신의 평가적 태도로서, 인지적 요소뿐만 아니라 정서적인 부분까지 포괄하는 개념이다. 이러한 인간의 평가적 태도는 종종 정서적 요소를 수반하고 있기 때문에 자아존중감의 의미에는 정서적 요소가 내포되어 있다. 즉 자아존중감은 심리적 건강의 핵심이며(Gover, 1991), 개인의 바람직한 환경 적응 및 건전한 성격 발달과 긍정적인 자기실현에 중요한 요소이다. Rogenberg(1965)에 의하면 자아존중감은 개인이 스스로를 가치 있는 존재라고 지각하는 것, 현재의 자신이 존경받는 것을 의미한다고 하였다. Bandura(1977)는 자아존중감을 우리의 인생과 생활에서 필수적이며 마땅히 가져야 할 경험으로서 강력한 인간적인 욕구이기 때문에 자아존중감이 부족하면 우리는 심리적 성장에 장애를 받는다고 하였다.

특히 진로상담에서 자아존중감을 이해하기 위해서는 자아개념에 대한 이해가 전제되어야 한다. 자아는 자아에 대한 지식(self-knowledge)과 자아에 대한 평가(self-evaluation)로 이루어진다. 자아에 대한 지식은 자신의 성격, 독특한 자질, 전형적인 행동에 대한 신념의 집합이다. 예를 들면, "나는 키가 크다", "나는 다정하다", "나는 학생이다"와 같은 것이다.

자아평가가 호의적인가 혹은 비호의적인가에 따라서 자아존중감은 결정된다. 즉 자아에 대한 지식은 "나는 어떤 사람인가?"에 대한 대답에 해당하는 부분이 자아개념이라면 자아평가는 "나는 자신에 대해서 어떻게 느끼느냐?"에 대한 대답에 해당되는 부분이다. 자아존중감은 자기 자신이 얼마나 유능하고, 중요하고, 성공적이고, 가치 있는 존재인가에 대한 자신의 태도, 느낌, 판단, 평가이다. 따라서 자아존중감은 자기 가치에 대한 전반적인 평가라고 할 수 있다.

이러한 자아존중감은 다른 사람과의 상호작용에 의해 형성되며, 특히 자신이 중요하다고 생각하는 사람들의 관심 있는 대우와 자신의 성공 경험 및 사회적 비교 과정을 통해 형성된다. 잘 알려진 대로 자아존중감의 시작은 무조건적인 자기수용과 정서적 안정감으로부터 이루어지므로 사랑이 풍부한 부모 관계가 그 바탕이 되며, 교수자의 지지나 격려 등은 자아존중감 형성에 긍정적 영향을 준다(Hoge & Hanson, 1990).

일반적으로 자아존중감이 높은 사람들은 주변의 상황과 정보를 자신에게 도움이 되는 방향으로 해석하며 자기 자신을 설명할 때 더욱 긍정적인 특성을 부여하고(Marsh 1986; Pelham, Swann, 1989), 이러한 자신의 신념을 확신한다(Baumgardner, 1990; Cambell, 1990). 따라서 진로상담에서 자아존중감은 중요한 키워드일 수밖에 없다.

인간중심 상담에서 자주 이야기되는 무조건적인 존중이 자아존중감 증진에 중요한 요인임을 다음의 세 가지 이유로 설명할 수 있다.

첫째, 무조건적인 사랑을 바탕으로 있는 그대로의 자신을 가치 있게 여기는 누군가가 곁에 있다는 것은 누군가에게 부정적인 피드백을 받을 때일지라도 항상 안전한 피난처를 제공한다.

둘째, 자신이 어떤 일을 수행했든지 무조건적으로 수용된다는 확신은 부정적인 평가나 실수에 대한 두려움을 감소시키기 때문에 자아를 발달시킬 새로운 기회를 가질 수 있게 한다.

셋째, 무조건적인 긍정적 존중은 개인이 존중받고 사랑받는다는 확실성을 제공하므로 이는 자아존중감 증진에 중요한 요인이 된다.

개인은 자아가 발달하면서 사랑과 수용을 원한다. 따라서 자아존중감은 인간의 기본 욕구라고 할 수 있으며, 인간의 건전한 발달에 있어서 필수적인 요소이다.

많은 이론적 지식을 갖고 있는 전문적인 상담사도 좋지만 진로상담사로서 내담자의 정서적 상태에 조율하고 그들을 하나의 인간으로 존중할 수 있는 자세가 필수적이다. 실천할 수 있는 작은 시도, 성공할 수밖에 없는 계획, 자신의 통제감 확보를 위한 자율성, 그리고 방어를 무력화시키지 않는 존중이 있으면 더욱 좋다.

진로상담실에 오는 많은 사람들은 진로의사 결정 문제를 안고 찾아오게 된다. 하지만 자세히 들여다보면 그 안에는 대인관계에서의 부적절감, 고립감, 실패에 대한 불안, 좌절감, 해내고 싶지만 해낼 수 없는 것에 대한 과도한 부담감, 동기가 없는 무력감, 거절과 거부에 대한 두려움, 비난이나 조롱에 대한 막연한 걱정들이 혼재되어 있다. 어쩌면 이런 것들이 진로를 찾아나가는 데 큰 걸림돌이며 마음을 내리누르고 앞을 가로막는 안개 같은 것들이다. 안개를 걷는 과정에서 자아존중감은 길을 찾아가는 기본 토대가 된다. 자아존중감은 대인관계를 원만히 유지할 수 있도록 도와줄 수 있으며, 건전한 성격 발달의 기반이 되고, 성취에도 큰 영향을 미친다. 인간이 궁극적인 행복감을 느끼기 위해서는 높은 자아존중감이 필수적이라 할 수 있다. 그러니 지나치게 높은 목표, 숨이 턱에 닿을 듯한 계획, 끊임없는 도전은 잠시 내려놓자. 가끔은 쉬운 도전, 느슨한 계획, 선택적인 시도도 괜찮다.

위로받고 회복되어야 또다시 시작할 수 있다. 진로상담은 선택의 기로에 서 있을 때 나 대신에 합리적인 의사 결정을 내려주는 곳도 아니고 내가 모르는 미래의 정답을 알아내주는 곳도 아니며 유망한 직종과 업종을 골라주는 기관도 아니다. 어쩌면 자기 안의 보석을 발견하도록 기다려주고, 자신의 아픈 부분을 보듬을 수 있는 여유를 주며 스스로의 힘을 믿고 나아갈 수 있도록 도와주는 자기를 찾는 여행길의 동반자일 뿐이다.

연말이 다가오면 다이어리에 성취해낸 것을 살펴보며 새해에 세웠던 목표를 돌아보고 새해의 새로운 목표도 적어보라. 그 시간 동안 지난 한 해 자신의 감정도 돌아보고 현재의 마음도 잘 살펴보기를 바란다. 놓치고 있는 마음의 소리는 없는지 나를 가로막고 있는 것은 없는지… 세심하게 들여다보기 바란다. 한 해를 마무리할 즈음, 자신의 마음을 돌보는 시간도 충분히 의미 있을 것이다. 조금 울고 싶다면 울어도 좋다. 그리고 하루하루 수고 많았던 나 자신을 위로해주었으면 한다.

"오늘도 정말 수고 많았다."

이 길이 제 길인가요?

이 길로 가면 될까요?

저 길은 더 나을까요?

옳은 길은 어디죠?

정답의 길을 알려주세요

결국 이 길이 아니었습니다

잘못된 길이었어요

저는 길을 잃었어요

갈 길이 너무 멀어요

나는 지난 몇 년 동안 수많은 물음과 대답 앞에 서서 긴 시간을 보내며 진로상담을 하였다. 상담실에 왔던 이들은 때로는 길을 찾았고 때로는 길을 잃었으며 때로는 먼 길을 돌아 가기도 하였다. 그리고 때로는 길을 만들었다. 그 과정에서 내가 깨닫게 된 한 가지는 각자가 걷는 모든 길이 곧 자신의 길이었다는 것이다. 그리고 그것이 삶이었다는 것도 알게 되었다.

돌아보니 진로에서 정답을 찾으려는 시도는 늘 오답만을 가르쳐주었다. 대신 옳은 질문을 하려고 했을 때 비로소 내가 원하는 해답을 찾을 수 있었다. 도달해야 할 어딘가를 찾느라 지금 여기를 놓친다면 결코 내 자신의 길을 찾기 어렵다는 것도 배울 수 있었다. 진로는 결국 내가 누구이며, 어떤 방식으로 살고 싶고, 무엇을 위해 살아갈지 자기 삶의 실존적 질문에 대한 대답이다. 좋은 질문이 없다면 결코 좋은 대답을 찾을 수 없는 것이리라. 그러니 지금부터라도 더 자주 자기를 대면하고 본마음을 들여다보려는 노력이 필요하다. '언젠가는 나에게 꼭 맞는 천직을 찾을 거야' 하며 무작정 길을 떠나면 결국은 원점, 자신의 마음으로 되돌아오게 된다. 밖을 바라보기보다는 나의 삶을 돌아보는 것이 먼저이다. 길을 걷고 난 뒤에라야 우리는 우리의 인생에 대해서 평가할 수 있고, 뒤돌아보아야만 '이 길이 나의 길이었어, 충분히 만족스러웠어'라는 평가를 내릴 수 있기 때문이다.

진로는 미래를 내다보는 일이라기보다 나의 과거와 현재를 미래와 잇는 일에 가깝다. 따라서 자신의 현재가 굳건할 수 있게 노력하는 것이 중요하다. 또한 과거와 화해하는 것도 필요하다. 나의 과거가 지금을 만들었고 나의 지금이 미래를 만들 것이기 때문이다. 진로를 미래지향의 관점으로 바라보다가 어느 순간 진로를 과거, 현재, 미래가 중첩된 다차원의 시간으로 바라보게 되면서 내가 생각하는 진로에 대한 이해가 달라짐을 느꼈고, 상담실에서 만나는 다양한 사례를 바라보는 데 여유가 생겼다. 또한 내 자신의 진로에 대해서도 더 깊이 이해하게 되었다. 한때 기회라고 여겼던 일들이 나를 위기에 빠뜨리기도 했고 실패라고 여겼던 일들이 나중에 기회가 되기도 했다. 진로란 어떤 재주가 있어도 내 마음대로 완벽하게 통제할 수 없다는 것을 체험으로 알게 되기도 하였다.

당연히 미래는 결코 예측할 수 없다. 다만 우리는 미래를 어떻게 구성해나갈지 선택할 수 있고 이는 지금의 행위와 나의 실천에 달린 문제라는 것. 그리고 오늘의 삶이 내일을 이끄는 예견된 미래라는 것쯤이다. 현재가 우리의 과거에 기초를 두고 있다는 것처럼 우리의 미래는 오늘의 나에게 달려 있다고 보는 것이 현명한 생각이다. 막연하게 큰 목표를 아무리 상상해도 오늘의 실천이 없다면 모두 허무하고 아무리 촘촘한 계획을 세워도 그대로 진행되기 어려운 게 사실이다. 먼 미래를 계획하느라 오늘을 낭비하지는 말고 오늘을 충실히 살아내기 위해 애를 쓰고 생생하게 돌아보려고 노력해야 한다. 한 장의 벽돌을 쌓아올리는 심정으로, 우리의 삶을 자기답게 살아내기 위해서 끊임없이 성찰하고 배우려는 자세를 유지해야 한다. 우리의 일은 우리 스스로가 구축해나간다는 것이 적절한 표현일 수 있다.

이 과정에서는 진짜 자기를 만나려는 노력이 수반되어야 하고 타인의 인정이나 남과의 비교에서 자유로울 용기가 요구된다. 무엇이 나의 가슴을 뛰게 하는가? 무엇이 나의 욕구인가? 무엇이 나를 재미있게 하는가? 무엇이 나를 보람으로 기쁘게 하는가? 끝없이 질문하고 그 대답을 찾기 위해 귀를 기울여보아야 한다. 그리고 그 이끌림에 온전히 자기 자신을 내던지고 그 안에 흠뻑 빠져보는 것도 괜찮다. 두렵더라도 한번 시도해보는 것이다. 자기다운 선택에 몸을 담가보는 것이다. 그 경험을 통해 나 자신에 대해서 더 많이 알게 되고 다음에는 더 나은 선택을 할 수 있는 방향타를 우리 안에 간직하게 될 수 있다. 아마도 나만의 열망과 나만의 욕구, 나만의 재미가 있으니 몰두하게 되고, 몰두하게 되니 자유롭게 될 것이다.

자유라는 단어는 스스로 '자(自)'에 말미암을 '유(由)' 자이다. 자기로부터 말미암게 된다는 의미이다. 무엇을 하든 주체적 존재로 자유로울 수 있는 것은 결국 나로부터 시작되는 이유임을 스스로 알게 되었을 때이다. 진로는 왜 일하는가에 대한 자기만의 이유를 탐구하는 일련의 과정이며 진짜 나는 어떤 존재로 되어가는가에 대한 실존적 질문이다. 담대한 마음으로 정진해나가는 과정에서 어느새 걸어가는 길과 하나가 된 자신을 발견할 수 있을 것이다.

2019년 4월

김이준 지음